Johann Martin Fehr

Die Ovariotomie - geschichtlich und kritisch bearbeitet

Johann Martin Fehr

Die Ovariotomie - geschichtlich und kritisch bearbeitet

ISBN/EAN: 9783743455863

Hergestellt in Europa, USA, Kanada, Australien, Japan

Cover: Foto ©ninafisch / pixelio.de

Manufactured and distributed by brebook publishing software (www.brebook.com)

Johann Martin Fehr

Die Ovariotomie - geschichtlich und kritisch bearbeitet

Die

OVARIOTOMIE.

Geschichtlich und kritisch bearbeitet

von

Dr. Mr Fehr.

Heidelberg.
Akademische Buchhandlung von Ernst Mohr.
1864.

Geschichte der Ovariotomie.

Die Ovariotomie ist die Entfernung eines krankhaft entarteten Eierstocks. — Gegen diese Definition wird vom chirurgischen Standpunkte aus Nichts einzuwenden sein. Denn wenn auch dem Wortlaute nach jede Ausrottung eines Eierstocks Ovariotomie ist, so kann eben dieser Wortlaut für die Chirurgie nicht massgebend sein. Nie wird diese sich zur Verstümmlung des normalen Organismus verstehen, also auch die Entfernung normaler Eierstöcke so wenig in ihr Gebiet rechnen als die der normalen Hoden. Wenn ich darum auch nicht bestreiten will, dass es Manchem [1]) von Interesse sein kann, zu wissen, dass Andramythes, König der Lydier, zuerst Frauen castriren liess, dass Hygas dasselbe that, ferner zu wissen, wer im hohen Alterthume schon die Castration bei Schweinen, Kühen etc. machte, so glaube ich doch, hier mir jede derartige Auseinandersetzung ersparen zu dürfen, wo es sich um die Geschichte der Entfernung krankhaft entarteter Ovarien des Weibes handelt.

Die Idee zu dieser Operation soll sich zwar schon bei einigen älteren Chirurgen angedeutet finden, so bei Bonetus, Schorkopff (1685), Delaporte und Van der Haar. Bestimmt in Vorschlag gebracht wurde sie aber erst 1725 durch Schlenker und Williers, ein Vorschlag, dem etwas später auch Morand [2]) beistimmte.

---

1) L. Ulsamer: Ueber die Ovariotomie. Inauguraldissertation. Würzburg 1851.
2) Mémoires de l'Acad. chir. tom. 2. p. 301—317.

Als den, der die Priorität in der Ausführung der Ovariotomie verdiene, bezeichnet man gewöhnlich L'Aumonier von Rouen; ob mit Recht, wird in der neuesten Zeit von Gross,[1]) Pirrie [2]) u. A. bestritten, da er, ähnlich wie auch Pott einmal, das Ovarium nur mehr nebenbei und zufällig während einer anderweitigen Operation entfernte.

Ende des Jahres 1781 bekam L'Aumonier [3]) eine Frau in Behandlung, die 6—7 Wochen vorher entbunden worden war. „Sie sah sehr bleich und abgemagert aus, fieberte, hatte Diarrhoe, einen eitrigen Vaginalausfluss und eine gespannte, schmerzhafte Schwellung in der Regio hypogastrica. Diese Schwellung zeigte dunkle Schwappung, beim Druck auf die schmerzhafteste Stelle derselben vermehrte sich der Ausfluss aus der Vagina." L'Aumonier glaubte es mit einem einfachen puerperalen Abscess zu thun zu haben und schnitt auf denselben ein. Er fand nach Eröffnung der vorderen Bauchwand eine grosse runde Geschwulst, die in der tuba Fallopii sass und mit dem Ovarium in Zusammenhang stand. Die Geschwulst wurde punktirt, über ein Pfund dicken, stinkenden Eiters entleert und das Ovarium, da sich L'Aumonier sattsam überzeugt hatte, dass die zerstörte Organisation dieses Theiles auf keine Weise wieder zu verbessern sei, entfernt.

Im Vorbewusstsein dessen, was der Hauptzweck seiner Operation sein sollte, unternahm, soweit unsere Kenntnisse bis jetzt reichen, die Ovariotomie zuerst der Americaner Dr. Ephraim Mc. Dowell im Dezember 1809.[4])

Seine Patientin glaubte schwanger zu sein und hatte den Geburtswehen ähnliche Schmerzen. Mc. Dowell aber diagnosticirte einen Ovariumstumor und machte den Vorschlag zur Exstirpation desselben, den die Kranke bereitwilligst annahm. — Er führte zu dem Zweck einen 9" langen Schnitt parallel dem musc. rect. abdom., 3" von ihm (von der lin. alb?) entfernt durch die Bauchdecken und fand

---

1) Americ. Medic.-chir. Review Nov. 1860.
2) Principles and practice of Surgery. London 1860.
3) Mém. de la Société royale de Médec. 1782.
4) London Med. Gazette V. 35.

nach Eröffnung der Bauchhöhle eine Ovariumscyste. Er punktirte sie, legte um ihren Stiel eine Ligatur und schnitt über derselben die Geschwulst ab. Die Bauchwunde vereinigte er mit Nähten und Heftpflaster, die Ligatur aus ihrem unteren Winkel herausleitend. Das Glück war seinem Unternehmen sehr günstig: am 5ten Tag fand man die Frau, wie sie ihr Bett zurecht machte, und am 25ten kehrte sie geheilt nach Hause zurück. — Ebenso gut war das Resultat seiner 2ten und 3ten Ovariotomie (1816 und 1817). Bis zum Jahre 1827 hatte er allmählig deren 8 unternommen, 3mal aber nach Eröffnung der Bauchhöhle wegen zu starker Adhaesionen von der Fortsetzung derselben abstehen müssen, ohne dass der Bauchschnitt schlimme Folgen gehabt hätte. Von seinen 5 vollständig ausgeführten Ovariotomieen genasen 4.

Mc. Dowell schlossen sich in Amerika zunächst Dr. Nathan Smith (1821) und Dr. Alban G. Smith (1823) an, von denen jeder je eine Ovariotomie und zwar beide mit günstigem Erfolge machten. — Bemerkenswerth ist das Operationsverfahren, wie es N. Smith[1] einschlug: Ein Gehülfe schob die Geschwulst in die Mitte des Unterleibs und fixirte sie daselbst. Darauf machte der Operateur in der lin. alb. einen 3" langen Schnitt, der 1" unter dem Nabel begann, führte ihn schichtenweise bis zum Peritonaeum und hielt nun mit der Eröffnung des letzteren inne, bis das Blut aus der Wunde zu fliessen aufhörte. Dann trennte er das Bauchfell in der ganzen Länge des äusseren Schnittes. Die Geschwulst, welche nun zu Gesicht kam, wurde angestochen, eine Röhre eingeführt und 8 Pints einer dunkelfarbigen, zähen Flüssigkeit entleert. Vor der Punction hatte sich der Operateur von der Abwesenheit bedeutender Adhaesionen überzeugt. Nach Entleerung der Flüssigkeit zog er den Cystensack aus der Bauchhöhle heraus etc. — Es ist dies dasselbe Verfahren, wie es später von Jeaffreson und Bird als Operatio minor von Neuem in Vorschlag gebracht wurde.

Wenn wir die zufälligen Exstirpationen des Eierstocks,

---

[1] Froriep's Notizen aus d. Geb d. Nat. u. Heilk. N. 42.

von denen schon die Rede war, bei Seite lassen, so wurde in Europa die Ovariotomie zuerst und gleich mit günstigem Erfolge von Dr. Emiliani [1]) zu Faenza 1815 gemacht.

Dem Italiener folgte 1819 Dr. Chrysmar, ein seiner Zeit allgemein geschätzter Operateur zu Isny in Würtemberg. Er machte von 1819—1820 3 Ovariotomieen, die ein Dr. Hopfer in der med.-chir. Zeitung von Graefe und Walther 1827 veröffentlichte. Von den 3 Operirten erlagen 2.

Der 1te Fall von Chrysmar betraf eine 47 Jahre alte Bauersfrau, die die Operation wegen eines fibrocartilaginösen Ovariumstumoren entschieden verlangte. Man fand bedeutende Verwachsungen mit dem Bauchfell, dem Colon und Magen; trotzdem wurde der Tumor entfernt. Die Kranke starb 36 Stunden nach der Operation mit den Zeichen der allgemeinen Peritonitis.

Die 2te Patientin war 38 Jahre alt und sonst ganz gesund. Im 31ten Jahre war sie das vorletzte Mal entbunden worden. Es folgte der Entbindung eine Metritis, welche scheinbar ganz günstig verlief, nur blieb nach der Genesung ein dumpfer Schmerz im linken Hypochondrium zurück. Die Frau wurde wieder schwanger, gebar, aber der Schmerz blieb. 1½ Jahr darauf consultirte sie einen Arzt, der in der betr. Hüftweiche eine kleine Geschwulst fand. Diese wuchs ständig und veranlasste schliesslich die schlimmsten Symptome, so dass sich Patientin 1820 der Ovariotomie unterzog. Die Operation war in ¼ Stunde vollendet, und die Patientin nach 6 Wochen vollkommen hergestellt. In der Folge gebar die Frau ein ausgetragenes, gesundes Kind.

Die 3te Operation betraf eine Person von 38 J., schwächlicher Constitution und rhachitischem Bau. Es bestand Complication mit Ascites. Die Operation verlief gut. Trotzdem starb Patientin nach 36 Stunden.

Chrysmar führte somit die Ovariotomie in Deutschland ein, ohne sich jedoch des glänzenden Erfolges rühmen zu können, den seine auswärtigen Collegen errungen hatten. — Ihm folgte zunächst Dr. Martin in Lübeck (1826). Er fand alte

---

1) Bullet. di Bologna. Nov. 1843.

und feste Verwachsungen mit den Beckenwänden, der Blase und dem Rectum. Statt aber bei solchem Befund die Geschwulst ruhig liegen zu lassen, entfernte er, was entfernbar war. Nach 36 Stunden war die Operirte verblutet. Wie den Deutschen erging es mit den ersten Versuchen auch den Engländern Lizars in Edinburgh und Dr. Granville in London. — Lizars veröffentlichte seine 4 Versuche der Ovariotomie in einer Monographie;[1]) von ihnen ist der 1te aus dem Jahre 1823 besonders bemerkenswerth. Er betraf eine 29jährige, verheirathete Frau. Lizars machte einen Schnitt vom process. ensif. bis zur Schamfuge und fand — Fettleibigkeit und Meteorismus — aber keine Geschwulst! Die 2te Operation glückte; die 3te musste er wegen zu breiter und zu gefässreicher Verwachsungen unvollendet lassen; die 4te endete mit tödtlicher Peritonitis. — Kein Wunder, wenn Lizars nach solchen Erfahrungen fernerhin keine Lust mehr zeigte, die Ovariotomie vorzunehmen!

Schlimmer noch als Lizars erging es seinem Londoner Collegen Granville. Er operirte 1827 2mal, verlor aber beide Patienten; bei der einen fand er statt einer Eierstocksgeschwulst ein Uterusfibroid und entfernte es; bei der 2ten konnte er wegen Adhaesionen die Operation nicht vollenden.

Solche Erfahrungen hielten für einige Jahre die Engländer wie die Deutschen von jedem weiteren Versuche der Ovariotomie ab und bedingten wohl auch den Widerwillen der Franzosen gegen dieselbe. „Das geringste Nachdenken", sagt Boyer [2]), „reicht hin, um die Gefahr und die Unmöglichkeit der Operation zu zeigen." Nur die Amerikaner liessen sich nicht abschrecken; wir finden bei ihnen von 1827 bis 1830 noch 4 Ovariotomieen, aber nur Rogers (New-York) rettete die seine.

Nach einer Pause von 5 Jahren nahmen die Deutschen die Operation wieder auf. Zuerst unternahm sie ein Dr. Ritter (1832), dem 1834 Dr. Quittenbaum [3]) zu Rostock

---

1) On the Extraction of diseased Ovaria. —
2) Traité des malad. chirurg.
3) Commentatio de ovarii hypertroph. v. C. F. Quittenbaum. Rostock 1835.

folgte; beide operirten mit gutem Erfolge. Es folgten ihnen von 1834—1840 nach einander Dolhoff zu Magdeburg, Janson und Schott zu Frankfurt, Dieffenbach zu Berlin und Stilling in Cassel; doch von deren 8 Versuchen glückte nur einer vollkommen. — Gerade umgekehrt war zur selben Zeit das Resultat der Engländer und Amerikaner: von 8 verloren sie 2, die übrigen wurden radical geheilt.

Bis jetzt war die Ovariotomie nur sporadisch aufgetreten. Von Einzelnen ausgeführt, wurde sie doch von den Meisten mehr als ein chirurgisches Wagestück betrachtet, denn als berechtigte Operation. Mit dem Jahre 1842 beginnt aber für sie eine bessere Zeit, hauptsächlich angeregt durch die Mittheilungen von Ch. Clay zu Manchester und Walne in London. Beide Männer erzielten im Verhältniss zu früher so günstige Resultate, dass sich rasch ihr Ruf und mit ihm der der Ovariotomie weithin verbreitete.

Clay veröffentlichte den Bericht über seine 1te Ovariotomie in den Med. Times Vol. 7. 1842; sie wurde am 12. Sept. 1842 gemacht; die Operirte kehrte am 18ten Tage geheilt zu ihrer Familie zurück. Ebenso gut verlief die 2te Operation im October desselben Jahres.

Einen Monat später ahmte ihm Walne[1]) nach. Er entfernte ein Cystosarcom, das einen grössten Umfang von 2' 10$^{3/4}$" hatte, mit dem besten Erfolg. Am Schlusse seines Berichts über diesen Fall spricht Walne die Hoffnung aus, dass derselbe bei jenen Praktikern zu nutzbringenden Betrachtungen führen werde, deren Abneigung und Vorurtheil gegen die Ovariotomie nicht soweit gehe, dass es sie abhalte, an die wichtige Frage der Heilung bestimmter Erkrankungen des Ovarium durch die Operation zu denken, da denn doch jede andere Behandlungsweise im Allgemeinen hier hoffnungslos erscheine: „Aber," fügt er treffend bei, „man verstehe mich nicht falsch; man zweifle keinen Augenblick, dass ich diese Operation nur in gut gewählten, geeigneten Fällen empfehle; noch weniger glaube man, dass ich irgend einen Chirurgen zu ihrer Vornahme verleiten will, der nicht durch häufiges Operiren, noch mehr aber durch sorgfältige Beob-

---

1) London med. Gaz. Decb. 1842.

achtungen und Behandlungen der Krankheit im Allgemeinen und durch wohlerwogene und fleissige Prüfung der Natur der Eierstockserkrankungen insbesondere sich befähigt hat, mit den Schwierigkeiten zu kämpfen, die ihn bei der Ovariotomie sicher erwarten."

Zusammengenommen mit noch zwei weiteren Operationen von Clay, von denen er die eine verlor — er hatte einen 30 Pfd. schweren, malignen Tumor exstirpirt — und einer solchen von Quittenbaum zu Rostock haben wir 1842 6 complette Ovariotomieen und darunter nur einen unglücklichen Ausgang, d. i. 16,6 %, ein Resultat, das nie vorher in der Ovariotomie gesehen worden war.

Zu Clay und Walne tritt 1843 noch Dr. Fr. Bird zu London. Dieser schrieb den günstigen Erfolg seiner Operationen zunächst der Vorsicht zu, die Zimmertemperatur während der Operation so zu erhöhen, dass sie der der blossgelegten Eingeweide gleichkam, dann der gewissenhaften Leitung der Nachbehandlung und endlich einer **Modification der bisher gebräuchlichen Operationsmethode**. Man hatte nämlich bisher fasst immer zur Eröffnung der Bauchhöhle einen Schnitt geführt, der vom Process. ensif. begann und am Schamberg endete. Auch Walne sprach dieser Operationsweise (Operatio major) gegenüber der Art, wie N. Smith seiner Zeit den Schnitt geführt hatte (Operatio minor, s. S. 5), das Wort. Allerdings glaubte nun Bird, dass eine Eröffnung der Bauchhöhle, die nicht im Verhältniss stehe zu der Grösse der zu extrahirenden Geschwulst, sehr schlimme Folgen haben könne. Aber es liessen sich dem sehr grossen Bauchschnitt ebenfalls begründete Vorwürfe machen, deren erster zweifellos die Frage der Nothwendigkeit sei. „Ist," sagt Bird,[1]) „ein Schnitt vom proc. ensif. bis zum Schamberg in Fällen gerechtfertigt, in denen der tumor mit Flüssigkeit gefüllt ist? Gegen die ganze oder theilweise Entleerung derselben kann kein triftiger Grund vorgebracht werden, wenn dadurch die Geschwulst so bedeutend verkleinert wird, dass sie durch eine kleinere Oeffnung als bei der Oper. maj. entfernt werden kann. Denn wenn der Einschnitt gross genug

---

1) Med. times. Aug. 1843.

ist, um die Herausnahme des Tumors ohne gewaltsame Tractionen zuzulassen, wenn er ebenso weit genug ist, um die Einführung der Hand in die Bauchhöhle zu erlauben, damit abnorme Adhaesionen getrennt und die nöthigen Ligaturen angelegt werden können, so ist jeder Absicht entsprochen, jede Indication erfüllt, und der grössere Schnitt kann dem Patienten keinen weiteren Vortheil bringen, wenn nicht die Entfernung der Cyste ohne vorherige Punktion ein solcher ist." — Bird schlug auch zuerst die Explorativincision vor, indem er wollte, dass man zunächst die Bauchhöhle nur soweit eröffne, dass der Finger eindringen könnte, um mit diesem sowie mit dem Gesichte sich seiner Diagnose möglichst zu vergewissern, ehe die Patientin den Gefahren der grösseren Verletzung ausgesetzt werde.

Während Walne der Operat. maj. Bird der Op. min. das Wort redete, eine Frage, die in der nächstfolgenden Zeit viel discutirt wurde, wollte Clay den Mittelweg eingeschlagen wissen und den Schnitt immer der Grösse der zu exstirpirenden Geschwulst proportional machen.

1843 veröffentlichte auch Dr. Stilling in Cassel die Geschichte seiner ersten Ovariotomie[1]) vom Jahre 1837 (s. S. 8), die er durch Verblutung aus dem unterbundenen Stiele verloren hatte. Diese ihm auffallende Todesursache veranlasste ihn, ein neues Operationsverfahren vorzuschlagen, um sich für jeden Fall gegen solche Nachblutungen sicher zu stellen. Man solle an dem Stiel der Geschwulst ein rundes, etwa faustgrosses Stück des vergrösserten Ovariums, eine Art Teller, sitzen lassen und diesen in den unteren Winkel der Bauchwunde so einlegen, dass die ganze Schnittfläche desselben nach Aussen zu liegen komme oder vielmehr wie ein Pfropf hervorstehe. Wenn aber der Stiel so kurz sei, dass der Rest der Geschwulst nicht ohne Gewalt über die Fläche der Hautbedeckungen vorgezogen werden könne, so solle man die Ränder des Geschwulstrestes auf beiden Seiten mit dem Rande der Bauchwandungen durch die Naht vereinigen, so dass die Fläche des Ovariumrestes den unteren Wundwinkel ausfülle. Man habe so bei etwaiger Nachblutung die blutende

---

1) Geschichte der Exstirp. eines krankh vergrösserten Ovarium etc.

Stelle klar vor Augen und könne mit den nachdrücklichsten Mitteln unverweilt gegen sie einwirken.

Dieses Verfahren wandte Stilling und Posner 1848 zum ersten Male an.

Der einzige Deutsche, der 1843 die Ovariotomie unternahm, war Dr. Bühring in Berlin, aber wie bei weitem die meisten seiner deutschen Vorgänger mit unglücklichem Ausgang. — Im Ganzen wurde 22mal operirt, 17mal in England und 4mal in Amerika; es heilten 9, ebenso viele starben nach vollendeter Operation; 2 weitere starben nachdem man eine Geschwulst entfernt hatte, die dem Ovarium gar nicht angehörte, 2 endlich hatten sich vergeblich der Operation unterworfen; die Adhaesionen waren zu bedeutend, als dass man an die Exstirpation hätte denken können.

1844 entstand in der Royal med. and. chir. Society zu London eine Discussion über die Ovariotomie; sie drehte sich hauptsächlich um die Vorzüge der Operat. maj. u. min., da man in dieser Gesellschaft die Berechtigung der Operation im Allgem. nicht mehr in Frage zog. Dabei sprach sich B. Philips, gestützt auf 6 Ovariotomieen, bei denen er entweder als Operateur oder als Assistent thätig gewesen war, ferner gestützt auf eine Statistik, nach der von 100 nach der Op. maj. Operirten 43% und von 100 nach der Op. min. 48% heilten, für die letztere Methode d. h. um mit ihm selbst zu sprechen, „für dasjenige Verfahren" aus, „bei welchem der Bauchschnitt so klein als möglich angelegt wird, ohne die Anlegung der Ligatur um den Stiel zu hindern"; indem er den wesentlichen Unterschied der beiden Verfahren nicht in die bis auf den Zoll ausgemessene Länge des Schnittes, sondern in die Absicht legte, den Tumor verkleinert oder nicht verkleinert zu extrahiren.

Bald darauf erschien eine grössere Abhandlung von Dr. S. Jeaffreson[1]), deren Bedeutung um so grösser ist, als sie das Urtheil eines sehr erfahrenen Arztes enthält, der nicht speciell Chirurg war. Nachdem Jeaffreson die verschiedenen anderweitigen Behandlungsweisen der Ovariumstumoren auseinandergesetzt, kömmt er auf die Ovariotomie zu sprechen.

---

1) On the Pathologie and treatment of ovarian diseases.

Obwohl viele englische Chirurgen noch gegen diese Operation seien, glaubte er doch die Sache berücksichtigen zu müssen, denn während es einerseits sehr ungerecht wäre, übereilt eine oft wenig Nutzen bringende Operation, die zudem mit grosser Lebensgefahr verbunden sei, anzupreisen, würde er es andererseits für nicht weniger ungerecht halten, seine Autorität dazu herzugeben ein Mittel schlechtweg zu verwerfen, das die Verlängerung des Lebens und die Verminderung menschlichen Elendes erstrebe. Er durchforschte sorgfältig die Statistiken und kam nach reiflicher Erwägung der Vortheile und Nachtheile der Operation zu dem Schluss, dass derselben ihre Berechtigung unter gewissen Bedingungen nicht mehr versagt werden könne.

Wissenswerth sind die Sätze, die er als Resultat seiner Arbeit aufstellte:

1) Es ist hinlänglich erwiesen, dass die Exstirpation von Eierstocksgeschwülsten ausführbar ist, und dass die Natur den Heilungsprozess, den eine so bedeutende Operation verlangt, vollkommen bewirken kann.

2) Da die Mortalität der Ovariotomie besonders dadurch so bedeutend steigt, dass falsche Diagnosen gestellt werden, so muss grössere Aufmerksamkeit in Stellung derselben von den Chirurgen verlangt werden.

3) Die Indication zur Operation und deren Nachbehandlung fordert die sorgfältigste und unpartheiischste Erwägung sowohl in Betreff der Möglichkeit der Ausführung als deren schliesslichem Resultate.

4) Was immer für Entdeckungen die Gefahr der Operation vermindern mögen, **immer bleibt die Ovariotomie sehr gefährlich und kann nur empfohlen werden, wenn der Umfang der Geschwulst viele Leiden und Unannehmlichkeiten bewirkt und das Leben der Kranken bedroht.**

5) Das jeweilige Operationsverfahren muss sich nach der Eigenthümlichkeit des betr. Falles richten.

6) Geschwülste, die Flüssigkeit enthalten, eignen sich am besten zur Operation.

7) **Je solider eine Geschwulst, um so ungünstiger ist sie für die Exstirpation.** Man hat

Adhaesionen und Irrthümer in der Diagnose zu gewärtigen. Zudem bewirken feste, gutartige Degenerationen gewöhnlich keine grosse Leiden, da sie nur langsam wachsen, ja, bis zu einer gewissen Grösse gekommen, gerne stationär bleiben.

8) Ihre Entfernung ist aber zuweilen doch wünschenswerth, wenn sie nämlich durch Druck auf grössere Gefässstämme Ascites bewirken; dieser wird dann nur durch Entfernung der Geschwulst gehoben werden können.

9) Die Exstirpation kann vernünftiger Weise nicht empfohlen werden, sobald der geringste Verdacht vorliegt, dass der tumor ein malignner sei.

10) Wenn wir also auch der Ovariotomie ihre Berechtigung zugestehen, so dürfte es doch nicht unnütz sein, nochmals zu bemerken, dass wir sie nur als letztes Mittel ansehen, eine grössere Geschwulst zu entfernen, welche, ob solid oder mit Flüssigkeit gefüllt, durch ihre Grösse oder ihren Einfluss auf den ganzen Organismus Leiden und Lebensgefahr erzeugt. Doch möge sich der Chirurg hüten, da zu operiren, wo das örtliche Leiden, indolent und nur langsam wachsend, nur wenige Leiden und Gefahren mit sich bringt, sowie auch da, wo ohne aufzufindende Ursache die ganze Constitution in einem Grade leidet, der der Ausbreitung und Grösse des örtlichen Leidens nicht proportional ist, wo er also das grössere und Hauptleiden doch nicht entfernen kann.

Hätte man die Rathschläge von Bird, Stilling und Jeaffreson von nun an allerwärts befolgt, so wäre das Resultat der Ovariotomie sicher alsbald auch überall besser geworden; aber die Deutschen besonders waren eben nicht so leicht zu bewegen von dem gewohnten Wege abzugehen; sie blieben vorerst noch auf demselben und damit auch bei den alten Resultaten. Von 4 aus dem Jahre 1844 bekannten Operationen glückte ihnen nicht eine, während die Engländer und Amerikaner zusammen von 15 10 retteten. Wie bisher hatte Clay wieder mit von den besten Resultaten; kein Wunder ist es desswegen, dass er allmählig seinen Gegnern schroffer zu Leibe rückte, indem er behauptete,[1]) dass unter ihnen sich viele befänden, die weder den Beruf noch die Erfahrung hätten, um gegen diejenigen aufzutreten, welche diese nach richtigen Grundsätzen und bestimmter Diagnose angezeigte Operation ausführten.

Vom Jahre 1847 an beginnt die Ovariotomie auch in Deutschland an Häufigkeit zuzunehmen, doch nur so, dass das Jahr 1850 als ihr Höhepunkt 8 Operationen zählt. So machten sie 1847 nach einander Kiwisch, Langenbeck, Mogk, Küchenmeister und Steinert; aber keiner rettete seine Kranke.

Kiwisch operirte bei einer durch ihre Leiden sehr heruntergekommenen Frau; die Geschwulst wurde durch einen 6″ langen Schnitt blosgelegt; man fand ein Cystoid mit Medullarcarcinom von 50—60 Pfd., das mit der Leber und dem Colon verwachsen war. Der Tod erfolgte am 4. Tage durch Peritonitis. — Langenbeck[2]) entfernte eine einfache Cyste durch einen 1½″ langen Schnitt; er hatte mit sehr festen Vewachsungen zu kämpfen; die Bauchnähte fassten das Peritonaeum nicht mit. Der Stiel wurde durch 2 Nähte so in dem unteren Wundwinkel befestigt, dass sein abgebundener Theil sammt der Ligatur ausserhalb der Bauchhöhle zu liegen kam. Tod nach 36 Stunden. — Mogk operirte nach den Vorschriften der Op. maj. und verlor seine Kranke durch Peritonitis. — Küchenmeister und Steinert endlich verloren sie durch innere Verblutung; es hatte sich die Ligatur von dem Stiele abgestreift.

Aus England verdient 1847 besonders eine Ovariotomie von Bird erwähnt zu werden, da sie mit Schwangerschaft complicirt war. Die Frau abortirte am 3. Tag nach der Operation und genass. Ob dieser Fall das Vertrauen der Chirurgen bei der Exstirp. ovar. stärken oder schwächen soll, will Bird nicht entscheiden; aber für nützlich hält er es immerhin zu wissen, dass eine solche Complication die Prognose nicht nothwendig verschlimmern müsse.

---

1) De hydrope ovarii. Dissertat. v. C. F. Busch. Berlin 1851.
2) Med. Times. Febr. 1845.

Bird erzählte den Fall in der med.-chir. Gesellschaft zu London¹) folgender Massen: Es war ein Cystoid des Eierstocks bei einer 25jährigen Frau. Als der Tumor aus der Bauchhöhle herausgehoben war und man den Stiel untersuchte, fand man den Uterus von einer Ausdehnung, die dem 3ten bis 4ten Monate der Schwangerschaft entsprach. Bald nach der Operation traten Wehen und am 3. Tage der Abortus ein. Einen Monat nach der Operation verliess die Kranke geheilt das Spital.

Auffallend ist 1847 das Auftreten eines Franzosen in der Geschichte der Ovariotomie, des Dr. Vaullegeard.²) Wir dürfen zwar nicht unerwähnt lassen, dass in den meisten Statistiken über die Ovariotomie schon 1846 ein Franzose erwähnt wird: Hippolyte Larrey; ob man aber dessen Operation eine Ovariotomie nennen darf, lässt sich ebensogut hier als bei L'Aumonier bezweifeln. Vaullegeard operirte bei einer 20jährigen Frau, die vorher 52mal punktirt worden war; Patientin heilte in nicht ganz einem Monat. — Dieser Fall stand nebst einem zweiten von Bach aus dem Jahre 1849 in Frankreich bis auf die neueste Zeit ganz vereinzelt da. Kein Wunder, denn in demselben Jahre 1847 sprach sich noch Velpeau³) dahin aus, dass derartige Operationen zu den Tollheiten gehörten, welche man mit allen Mitteln bekämpfen müsse, weil sie der Ausdruck von Narrheit seien.

Das Jahr 1848 bringt uns zunächst eine Broschüre von Dr. J. J. Bühring zu Berlin: „Die Heilung der Eierstockgeschwülste." Der Verfasser bemüht sich darin, der Ovariotomie in Deutschland das Heimathsrecht zu verschaffen, indem er sie als das einzig sichere Heilmittel aller Formen des Hydrops ovarii hinstellt. Alle andern Kuren sammt der Naturheilung hätten bei vielen tausend Kranken lange nicht soviele problematische Erfolge aufzuweisen, als bei den 100 bekannt gewordenen Fällen von Ovariotomie diese wirkliche erzielt habe. Es sei desshalb Gewissenssache für den Arzt, sobald die indicirten Pharmaca nicht bald nützten,

---

1) Medico-chir. transactions. Vol. XXX.
2) Gaz. des hôpit und. Jour. d. conn. méd-chir. 1848.
3) Gaz. d. hôpit. N. 99. 1847.

sofort die Exstirpation als einziges Rettungsmittel der Kranken in Vorschlag zu bringen. — Dieser etwas sehr kühne Rath Bührings ist um so auffallender, als Bühring seine sämmtlichen complett ausgeführten Ovariotomieen verlor. Die gehörige Differencirung der Fälle, die gewissenhafte Erwägung der Gründe für und gegen thut sehr noth, sonst möchte Bühring's Rath nur das Resultat haben, das er selbst erzielte.

In England erschien ein kleines Schriftchen von Ch. Clay: „The Results of all the operations of diseased ovaria by the large incision." Darin theilte Clay seine sämmtlichen von 1842 an gemachten Ovariotomieen mit, deren Endresultat folgendes ist. Er hatte 40mal den Bauchschnitt gemacht: darunter 5mal als Explorativincision, nicht um die Existenz eines Tumoren nachzuweisen, sondern um die bereits ausgesprochene Ansicht zu bestätigen, dass der btr. Ovarialtumor nicht entfernbar sei, mit der Absicht ihn zu entfernen, falls sich die Umstände besser herausstellen sollten, als er erwartete. Die Explorativincisionen hatten keine schlimmen Folgen. 32mal machte er die vollständige Exstirpation, davon heilten 22, die übrigen starben. Einmal ferner exstirpirte er ein Uterusfibroid, ein anderes Mal einen grossen degenerirten Uterus sammt den beiden entarteten Ovarien, ein drittes Mal endlich eine grosse Eierstocksgeschwulst sammt dem erkrankten Uterus; die 3 letzteren Fälle starben. Diese Resultate waren so günstig als möglich. — Man wirft den englischen und amerikanischen Statistiken zwar im Allgemeinen vor, dass sie der Wirklichkeit nicht gleich kämen, dass sie die günstigen Fälle wohl sämmtlich, nicht aber ebenso die ungünstigen enthielten, bei einem Manne wie Clay aber glauben wir diesen Vorwurf entschieden zurückweisen zu dürfen, denn es ist sehr richtig, was er selbst sagte: „Es ist nicht möglich, dass diese Operation allein gemacht werden kann oder in dunkeln Löchern und verborgenen Winkeln." Jede seiner Operationen ist durch Fachgenossen von der achtbarsten Stellung bestätigt, die denselben beiwohnten.

Die Ovariotomie wurde 1848 28mal unternommen, 20mal in England, 6mal in Amerika und 2mal in Deutschland. Von diesen 28 Versuchen wurden 20 beendet und davon heilten 12; 6mal konnte die Operation nicht beendet werden und 2mal fand man einen Extraovarialtumor nach der Exstirpation. Diese beide letzteren sowie 3 der unvollendet Operirten erlagen dem Eingriff. Die deutschen Operateurs waren Langenbeck und Stilling; jener verlor seine Kranke in der 4. Woche durch Peritonitis, dieser brachte die seine davon.

Bei Gelegenheit der Beschreibung seiner letzten Ovariotomie (1848)[1]) machte Stilling wiederholt auf seine Art der Befestigung des Stieles (s. S. 10) aufmerksam und fasste deren Vortheile wie folgt zusammen:

1) Man vermeidet die Verletzung grösserer Gefässe, da sich diese bei ihrem Eintritt in die Geschwulst verästeln, somit verkleinern; man vermeidet also eine Blutung beunruhigender Art.

2) Tritt dennoch eine Blutung ein, so ist sie eine extraperitoneale, eine äusserliche, die auf die Unterleibsorgane nicht den mindesten Nachtheil ausüben, zudem durch geeignete Mittel leicht gestillt werden kann.

3) Müssen Blutgefässe unterbunden werden, so liegen die Ligaturen ausserhalb der Bauchhöhle, können also die Unterleibseingeweide auch nicht reizen, nicht Entzündung derselben hervorrufen.

4) Der Hauptvorzug aber ist, dass der Stiel ausserhalb der Bauchhöhle vernarbt, dass die an ihm vorgehende Entzündung und Eiterung ganz abgesondert von den Organen der Bauchhöhle und dem Peritonaeum verläuft, diese Theile also auch nicht in Mitleidenschaft gezogen werden können.

Stilling zieht den kleinen Einschnitt in die Bauchwand dem grossen vor; jenen könne man im Nothfall vergrössern, diesen aber nicht mehr verkleinern.

Von Deutschen operirten 1849 Dr. Knorre[2]) in Hamburg mit günstigem und Martin[3]) in Jena mit ungünstigem Erfolg. Dem letzteren schloss sich Hartman[4]) zu Helsingfors an.

Knorre operirte bei einer einfachen Cyste nach den Vor-

---
1) Jen. Annalen. 1859.
2) Deutsche Klinik 1849. — Mittheil. aus d. Hamb. allg. Krankenhaus.
3) Martin. Ueber d. Eierstockswassersucht. Jena 1852.
4) Jahrbücher v. Schmidt. B. 69.

schriften der Op. min., besonders aufgemuntert durch die Preisschrift T. L. Lee's, der statistisch nachwies, dass, während früher die Punktion des Hydrops ovar. für wenig gefährlich und die Exstirpation für ein verwegenes Unternehmen galt, von 37 Paracentesirten mehr als die Hälfte in den ersten 4 Monaten starb, während von 67 Kranken, die sich der Radicaloperation unterwarfen, nur 21 und von den 23 derselben, bei denen die Operation mit kleiner Incision gemacht worden war, sogar nur 4 starben. Martin's Patientin starb an Peritonitis. Man fand bei der Section Cysteninhalt und Haare in der Bauchhöhle, die während des Versuchs, die Geschwulst vor der Herausnahme zu verkleinern, in jene gelangt waren.

Zur selben Zeit operirte Atlee[1]) 5mal und heilte alle 5. — In Frankreich war man immer noch derselben Ansicht wie früher. Ph. Boyer, der 1849 das Werk des alten Boyer (s. S. 7) wieder erscheinen liess, fügte der früher erwähnten Auslassung des letzteren Folgendes bei: „Als Boyer jene Worte schrieb, kannte man in Frankreich die Exstirpationen des Eierstocks wegen Hydrops desselben noch nicht, Operationen, von denen einzelne mit Erfolg gekrönt wurden, die grösste Zahl aber die Richtigkeit der Ansicht Boyer's bewies . . . . . Die Exstirpation des hydropischen oder scirrhösen Eierstocks ist eine äusserst missliche Operation sowohl in Bezug auf diese an und für sich als auf die Natur der Theile, die verletzt werden müssen . . . . Trotz der erzielten Erfolge ist es nicht möglich, sie in die Reihe der allgemein üblichen Operationen aufzunehmen. Ich glaube jedoch, dass ungeachtet der schlimmen Erfolge die Incision der Ovarialcysten oder deren theilweise oder totale Exstirpation in einzelnen Fällen ausgeführt werden kann, die zu bestimmen Sache der Erfahrung und des Takts des Chirurgen ist. Diese Meinung spreche ich jedoch nur mit dem grössten Vorbehalt aus, denn ich bin überzeugt, dass diese Operation das Schicksal aller derjenigen erfahren wird, die von dem Wege der wahren Chirurgie abweichen d. h., dass sie zeitenweise durch eine

---

1) Americ. Journ. of med. scienc. XXIX. Synops of 30 cases of Ovar.

kleine Zahl von Chirurgen wird ausgeführt, von der bei weitem grössten Zahl aber wird bei Seite gelassen werden." Dessenungeachtet versuchten sich 1849 doch 2 Franzosen in der Ovariotomie aber leider nicht mit gutem Erfolg. Maisonneuve [1]) verlor seine Kranke etliche Stunden nach der Operation, Bach [2]) aus Strassburg 17 Tage nach derselben an Tetanus.

Die Litteratur über die Ovariotomie und daran anschliessend die der Pathologie und Therapie der Eierstockserkrankungen im Allgemeinen steigt in der nächsten Zeit (1850) zusehends. Ohne uns näher darauf einlassen zu können, möchten wir doch Tilt's Arbeiten aus diesem Jahre mindestens erwähnen, so seine Abhandlung: Ueber die Menstruationsstörungen, Oophoritis im Zusammenhang mit Unfruchtbarkeit, Beckentumoren und Erkrankungen des Uterus (London bei Churchill 1850); über die Varietäten im Bau der Ovariumscysten (Lancet); über den Ursprung, die Ursachen und die Natur der chron. Eierstocksgeschwülste (Med. Gazette), endlich über den Ursprung, Verlauf und das Ende der chron. Ovarialtumoren (Med. Gazette). — Bemerkenswerther noch ist die Arbeit von Brown über die Diagnose des Hydrops ovarii (Lancet, Juni 1850).

Als allgemeine Kennzeichen dieser Erkrankung führt er an: Abmagerung am Halse und den Schultern, eigenthümlicher Gesichtsausdruck, blasse Hautfarbe, die aber der bei Krebs oder ähnlichen Leiden nicht gleichkommt, zuweilen Oedem der unteren Extremitäten und Verdauungsstörungen, gleichmässige Thätigkeit der Leber, wie denn auch Respiration und Herzthätigkeit weniger gestört seien als bei Ascites: Als specielle Symptome bemerkt er: den Ausgangspunkt der Krankheit; die Möglichkeit im Anfang der Erkrankung vom Rectum oder der Vagina aus eine Geschwulst aufzufinden; das allmählige Heraufsteigen derselben aus dem kleinen Becken in die Bauchhöhle; die seitliche Lage, so lange sie noch nicht zu gross geworden; die Umschriebenheit der Geschwulst, ihre Fluctuation; die

---

1) Gazette hebdom. Decb. 1861.
2) Gazette de Strassbourg 1852.

Erweiterung der Venen der Bauchdecken; das Heraufgezogensein der Vagina, demnach deren Verlängerung und das Verdrängtsein des Uterus nach oben und hinten oder nach oben und einer oder der andern Seite. Bestehe die Geschwulst wesentlich aus einer grossen Cyste, so sei ihre Oberfläche glatt und abgerundet; hätte man es aber mit einer multiloculären Entartung zu thun, so sei sie ungleich, höckerig, man unterscheide dann meist durch das Gefühl einzelne kleinere Cysten, die sich mehr fest als fluctuirend anfühlten. Ebenso undeutlich werde die Fluctuation, wenn der Cysteninhalt dick, gelatinös wäre. Wie Tilt machte auch Brown auf die microscopische Beschaffenheit des Inhalts der Cyste aufmerksam, indem er hofft, dadurch seiner Zeit vielleicht noch ein differentiell verwerthbares diagnostisches Hülfsmittel gewinnen zu können. Um zu bestimmen, ob die Geschwulst Verwachsungen eingegangen habe, sei erforderlich, dass man die Kranke horizontal lege mit angezogenen Schenkeln; lasse sich nun die Geschwulst leicht von einer Seite zur anderen schieben, seien die erschlafften Bauchdecken auf ihr selbst leicht verschiebbar, könnten sie aufgehoben werden, ohne gleichzeitig die Geschwulst zu heben, so könnten keine Adhaesionen vorhanden sein.

In den letzten 27 Jahren waren nach einer Statistik von R. Lee[1]) in Gross-Brittanien mehr als 130 Ovariotomieen gemacht worden; von 108 aber fand er nur authentische Berichte vor; von diesen sind 37 solche, bei denen die Vollendung der Exstirpation unmöglich war oder keine Eierstocksgeschwulst gefunden wurde — es erlagen dem Eingriff 14. — Von den 71 vollendeten Ovariotomieen aber starben 24. Clay hatte bis dahin 45mal operirt, Lane 11mal.

Als R. Lee der Roy. med. and chir. Society zu London diese Statistik vorlegte, theilte er ihr zugleich die Geschichte seiner letzten Ovariotomie mit, in der wir in England zum 1ten Mal das Operationsverfahren so abgeändert finden, wie es Stilling im Wesentlichen längst vorgeschlagen hatte. (s. S. 10 u. 17).

---

1) Medico-chir. transactions. Vol. XXXIV.

Lee sagte darüber folgendes: „Als ich die beiden hauptsächlichen Todesursachen: Peritonitis und Haemorrhagie bei unglücklich verlaufenden Ovariotomieen näher betrachtete, kam ich auf den Gedanken, dass Vieles darin wohl dadurch besser werden könne, dass man den abgebundenen Theil des Stiels aus der Bauchhöhle herausleite. Ich entschloss mich also, dieses zu versuchen, indem ich den unterbundenen Stiel mit der Ligatur in der Bauchwunde befestigte und hier so lange zu erhalten suchte, bis sich die Ligatur gelöst hatte. Wäre der Stiel länger gewesen, so wollte ich Alles, was von der Ligatur gefasst war, auf den Bauchdecken befestigen. Da aber dies nicht möglich war, so that ich Ersteres und der Verlauf hat meinen Erwartungen vollständig entsprochen. Die Wunde schloss sich p. primam, und nachdem ich sie am 9. Tage an der Stelle wieder geöffnet hatte, wo der Stiel befestigt war, um die Ligatur zu lösen, schloss sich die wieder getrennte Stelle bis zum 22. Tag vollständig."

J. G. Maisonneuve arbeitete 1850 eine Thèse de concours aus: „Ueber die bei Eierstockserkrankungen anwendbaren Operationen" und gab dabei auch eine Statistik über 69 Ovariotomieen wegen Ovarialcysten; von diesen heilten 30, 18 starben, 14 mussten wegen Adhaesionen und 7 wegen falscher Diagnose unbeendet gelassen werden. Die soliden Geschwülste eignen sich, wie er glaubt, nicht zur Exstirpation, da man nicht bestimmen könne, ob sie das Leben wirklich bedrohten oder nicht.

Um dieselbe Zeit erschien die 2te Abtheilung der klinischen Vorträge über specielle Pathologie und Therapie der weiblichen Geschlechtsorgane von Kiwisch, die grösstentheils den Erkrankungen des Ovarium gewidmet ist. — Nach ausführlichen Erörterungen über die einfache Eierstockscyste und deren anderweitige Behandlungsweisen, von denen allen keine radicale Heilung zu erwarten sei, schlägt er als Radicalmittel die Vaginalpunction vor, oder, wo diese nicht ausführbar sei oder ausgebreitete Verwachsungen zu befürchten stünden, die Incision der Cyste von den Bauchdecken aus und allenfalls auch die theilweise Excision derselben. Darauf bespricht Kiwisch das Cystoid und die verschiedenartigen solideren Geschwülste und kommt dabei auch auf die Ovariotomie zu sprechen. Um sich ein Urtheil über die Zulässigkeit dieser Operation bilden zu können, machte Kiwisch eine Zusammenstellung sämmtlicher ihm bekannt gewordener Ovariotomieen; nach dieser Statistik heilten von 86 complett Operirten 54, 32 starben. 22mal blieb die Operation unvollendet, wovon wieder 11 dem Eingriff erlagen. In 14 Fällen fanden diagnostische Irrthümer statt, die weiteren 6 das Leben kosteten. Im Ganzen wurde demnach 122mal operirt; davon glückten 54 Fälle, die übrigen starben (47) oder überlebten den Eingriff unter verschieden gefährlichen Zufällen, waren aber nachher wie vorher. Danach sowie nach Erwägung der verschiedenen Licht- und Schattenseiten der Operation glaubt Kiwisch, dass die Ovariotomie unter gewissen Bedingungen zulässig sei, ja dass sie um so weniger zurückgewiesen werden dürfte, als zu erwarten stehe, dass mit den Fortschritten der Diagnose auch die Resultate sich günstiger gestalteten. Folgendes sind nach Kiwisch die Bedingungen für die Zulässigkeit der Operation:

1) Wenn das Uebel anhaltend fortschreitet, mit Lebensgefahr droht und doch noch hoffen lässt, dass die Operation ertragen werde.

2) Ausnahmsweise bei kleineren Geschwülsten, wenn sie lebensgefährliche Symptome hervorrufen z. B. Strangulation etc.

3) Wenn der Fall im Allgemeinen sich zur Operation eignet, wenn also die Geschwulst gutartig ist und gar keine oder nur wenige Adhaesionen hat.

4) Wenn bei einfachen oder diesen nahestehenden Cystengeschwülsten der Versuch der Heilung durch die Punktion fehlgeschlagen und die unter 1) angeführten Bedingungen vorhanden sind.

5) Wenn die Kranke dabei sonst fieberfrei und womöglich mit keiner weiteren Krankheit behaftet ist.

Kiwisch fand, dass die meisten Operirten zwischen dem 2—6 Tage starben. Auch die Heilung erfolgte durchschnittlich sehr rasch. Bei einfachen Cysten will Kiwisch, dass der

Exstirpation immer die Punktion vorausgehe, indem durch diese möglicherweise doch auch eine Radicalcur erzielt werden könne. Bei Cystoiden soll von jedem Versuche der Punction abgestanden werden, weil sie hier nur gefährliche Folgen haben könne. Habe man sich zur Exstirpation entschlossen und ergäben sich nach Eröffnung der Bauchhöhle ausgebreitete, innige Verwachsungen, so sei es immer rathsamer, von der Fortsetzung der Operation abzustehen und die Bauchhöhle ohne Exstirpation wieder zur schliessen.

Im Juli 1850 machte Kiwisch seine 3te Ovariotomie,[1]) die einzige, die ihm glückte. Es war ein Cystoid. Die Heilung verlief geregelt, trotz eines bedeutenden eitrigen Ergusses in die Bauchhöhle, der durch zu starkes Zerren bei dem Versuche hervorgerufen wurde, die Ligatur um den Stiel zu lösen. „Der günstige Verlauf der Zufälle nach dem so bedeutenden operativen Eingriff," bemerkt Kiwisch, „ist ein neuer Beleg für die Richtigkeit der von manchen Seiten gewonnenen günstigen Resultate, die von Vielen bezweifelt werden. Die Operation währte, wegen mehrerer misslicher Zwischenfälle, mehr als eine Stunde, durch etwa $3/4$ Stunden war die Bauchhöhle geöffnet; die Gedärme fielen nicht bloss mehrmals vor, sondern wurden auch durch öfteres Einführen der ganzen Hand in den Unterleib, durch Einbringen von Schwämmen in denselben, durch das Eindringen von Blut, Cysteninhalt, grossen Quantitäten atmosphärischer Luft mehrfachen Schädlichkeiten ausgesetzt, und dennoch trat keine nachweisbare Spur einer Peritonitis ein. Die Kranke konnte am 15ten Tag das Bett verlassen, Harn und Stuhl ohne Beschwerde entleeren; die Fieberbewegungen waren im Ganzen sehr mässig und die Pulsfrequenz erreichte nur am 6ten Tag die Höhe von 120. Die wesentlichste Verzögerung der Heilung wurde, wie gewöhnlich, durch die Abstossung der Ligatur bewirkt..... **Durch das gewöhnliche Verfahren bei der Unterbindung des Stiels wird überhaupt ein grosser Theil der Gefahren, die die Ovariotomie begleiten, hervorgerufen**... Es wäre desshalb

---

[1]) Prager Vierteljahresschrift f. pract. Heilk. 1851. B 1

wünschenswerth, dass ein anderes, rascher zum Ziele führendes Unterbindungsverfahren als das gewöhnliche sich in der Erfahrung bewährte. Vielleicht dürfte sich die Anwendung eines nach Willkühr anzulegenden Schnürapparates zur Unterbindung des Stiels geeignet erweisen, und ich beabsichtige hierauf bezügliche Versuche anzustellen."

Kurze Zeit darauf machte Kiwisch seine 4te Ovariotomie, die er verlor. Ebenso ging es 1850 auch Knorre in Hamburg mit 3 Operirten; Todesursache war bei der einen innere Verblutung aus dem abgebundenen Stiele, bei den zwei andern Peritonitis. Dagegen rettete Krauel [1]) in Rostock seine Patientin; er hatte einen 10″ langen Bauchschnitt gemacht. Nur theilweisen Erfolg hatten Küchenmeister und Steinert; man musste einzelne am Colon adhaerirende Stücke zurücklassen; nach 12 Wochen wurde die Kranke ziemlich wohl entlassen, starb aber ³/₄ Jahre später durch das Platzen einer secundären Cyste. — Zusammen wurden 1850 30 Ovariotomieen gemacht, von denen 20 heilten. Peaslee [2]) hatte selbst beide Ovarien exstirpirt und Heilung erzielt.

So günstig in jeder Beziehung der Ovariotomie das Jahr 1850 war, so ungünstig wurde ihr 1851. Am besten erging es, den Erfolgen nach, der Operation noch in Deutschland. So finden wir Mittheilungen [3]) über eine geheilte Ovariotomie aus B. Langenbeck's Klinik. Patientin war 38 Jahre alt und litt an einer einfachen Ovarialcyste. Der rasche Verlauf des Uebels gab die Indication zur sofortigen Exstirpation, da von anderweitigen Eingriffen keine sichere Hülfe mehr zu erwarten stand. — Langenbeck hatte den Stiel in der Bauchwunde befestigt. Ebenso verfuhr er bei 4 weiteren Exstirpationen, von denen er aber nur noch eine rettete (mehrere derselben finden sich in den Chirurg. Beobachtungen von Busch, Berlin 1854 beschrieben). — Langen-

---

1) Drei Fälle von Hydrops ovarii. Rostock 1857. Dissert. v. A. Müller.
2) Americ. Journ. of med. scienc. Apr. 1851.
3) Deutsche Klinik 1851: Mittheilungen aus d. ch. Klin. v. B. Langenbeck.

beck schlossen sich 1851 Martin[1]) in Jena und Baum[2]) in Göttingen an. Martin hatte den Stiel, wie Langenbeck es gethan, befestigt und rettete seine Kranke. Baum hatte den unterbundenen Theil in der Bauchhöhle liegen lassen und verlor sie. In dem betr. Sectionsbericht heisst es: „Die Unterbindungsstelle des 1″ dicken Stieles brandig; in der Beckenhöhle blutig-seröse Flüssigkeit, vermischt mit Jauche."! — Die Engländer machten 1851 nur 2 Ovariotomieen und verloren beide, ebenso die Amerikaner nur 3 mit demselben Resultat; 4mal fanden die letzteren Extraovarialgeschwülste.

Bird besprach in den Med. Times (1851) die Zustände, welche den Erfolg der Operation zweifelhaft machen oder diese selbst contraindiciren könnten. „Oefters," sagte er, „geschieht es, dass man die Kranke so kraftlos werden lässt, dass sie eine so eingreifende Behandlungsweise nicht mehr erträgt. Operirt man in solch einem Zustande, so ist es kein Wunder, wenn die Operation in Misskredit kommt.... Wenn eine geringe Ausdehnung des Unterleibs längere Zeit ohne besondere Störung bestand und plötzlich auffallende Abmagerung und Kraftlosigkeit auftritt, so sind diese Erscheinungen nicht sowohl von der Eierstockserkrankung als vielmehr von anderen Umständen abhängig, die dann die Ovariotomie nicht mehr als räthlich erscheinen lassen." — Am Ende seiner Abhandlung stellt Bird noch 100 Fälle von Eierstockserkrankungen aus seiner Privatpraxis zusammen, die nicht uninteressante Schlüsse ziehen lassen. Unter jenen 100 waren 41 mit Struma; 37 unverheirathet und von den 63 Verheiratheten mehr als die Hälfte kinderlos. Schwangere erreichten gewöhnlich das normale Ende ihres Zustandes, selbst wenn in den letzten Monaten die Paracentese gemacht werden musste. Am häufigsten erschien das Uebel zwischen dem 25—35ten Lebensjahre.

Van Buren[3]) berichtet über einen eigenthümlichen Fall von Strangulation einer Eierstockgeschwulst Die letztere hatte nur 6″ im Durchmesser und war leicht

---

1) Ueber Eierstockwassersucht v. Dr. E. Martin. Jena 1852.
2) Monatsschrift f. Geburtskunde 1859. Spiegelbergs Beiträge
3) New-York med. Journ. März. 1851.

beweglich. Plötzlich traten bei der sonst gesunden Kranken heftige Kolikschmerzen und die Symptome localer acuter Peritonitis auf; die Geschwulst war unbeweglich geworden. Nach einigen Tagen starb die Kranke. Die Section ergab acute Peritonitis in der Umgebung der Geschwulst; diese selbst war dunkelblauschwarz, an einzelnen Stellen grünlich; der Stiel war 1½" weit um sich selbst herumgedreht. Durch die Drehung des Stiels um sich selbst wurde die Blutcirculation in demselben gehemmt, das Blut staute in der Geschwulst, diese entzündete sich etc. — Van Buren hatte früher bei einer Ovariotomie schon einmal diese Drehung gefunden, ohne dass aber Zeichen von Strangulation dadurch entstanden wären.

1852 machte Langenbeck [1]) seine 7te Ovariotomie, die letzte, die bisher von ihm bekannt wurde. Die Operirte wurde nach 2 Monaten geheilt entlassen. Diese ist von den 6 deutschen Ovariotomieen aus dem Jahre 1852 die einzige, die mit Genesung endete.

Bardeleben [2]) operirte bei einem Cystosarcom mit zahlreichen und theilweise sehr festen Adhaesionen; Wild in Cassel bei einer Cyste; er nähte den Stiel in den unteren Wundwinkel; Tod durch Pyaemie; Scanzoni [3]) liess den 1" langen, abgebundenen Theil des Stiels in der Bauchhöhle liegen; es kam tödtliche Peritonitis; Strempel [4]) in Rostock verlor die seine durch innere Verblutung; dieselbe Todesursache fand Bartscher [5]) in Osnabrück. Unser Staunen darüber ist nicht so gross als das von Rawitz, der, den Fall erzählend, über den Ausgang sagt: Obstupimus, vox faucibus haesit.

Diese Resultate wirkten allmählig in Deutschland sehr abschreckend, wie wir in der nächsten Zeit schon sehen werden. Von E. Martin erschien 1852 eine bemerkenswerthe Arbeit: Ueber die Eierstockwassersucht, insbesondere deren

---

1) Deutsche Klinik 1853.
2) Dissertat. v. Jakob. Greifswalde 1856. 2te Krankengeschichte.
3) Beiträge zur Geburtsk. u Gynaekol. B 1.
4) Drei Fälle v. Hydr. ov. Dissert. v. A. Müller. Rostock 1857.
5) Deutsche Klinik 1852.

Erkenntniss und Heilung etc. Darin weist der Verfasser zunächst auf die Wichtigkeit der Punction bei Hydrops ovarii als diagnostisches Hülfsmittel hin. Er räth, diese Operation stets der Ovariotomie vorauszuschicken. Nur bei möglichst vollständig festgestellter Diagnose hält er den Arzt für berechtigt, über die Operation zu entscheiden. Darauf gibt Martin die Regeln für die Ovariotomie. Zur Befestigung des Stieles gibt er im Ganzen dasselbe Verfahren an, das Langenbeck gebrauchte (s. S. 24).

Seinen Aufsatz von 1851 (s. S. 25) fortsetzend bespricht Bird die Diagnose der Ovarialtumoren. Zunächst weist er darauf hin, dass die meist aus der Mitte des Beckens sich erhebende Geschwulst, die Blase ausgenommen, vor alle andern Baucheingeweide zu liegen komme; über und neben ihr lägen die grösseren lufthaltigen Eingeweide; so sei die einen leeren Ton gebende Geschwulst rings von tympanitisch tönenden Theilen umgeben. Einen ferneren nicht unwesentlichen Anhaltspunkt gäbe der Umstand, dass der Grund des Tumors während der Exspiration durch das Zurücktreten seiner Umgebung hervorzutreten scheine. Ziemlich charakteristisch sei auch die Form des Leibes: seine Ausdehnung sei nur nach vorn von Bedeutung, während die Lendengegenden mehr abgeflacht erschienen; bei dem Ascites sei es gerade umgekehrt. Enthalte der Tumor grösstentheils Flüssigkeit, so sei der dieselbe umschliessende Sack überall gleichmässig gespannt und prall. Bestehe Fluctuation, so fühle man sie eben nur im Umfang der Geschwulst, nicht wie bei dem Ascites über den ganzen Leib hin; in jenem Falle sei sie besser im Stehen, in diesem besser im Liegen zu bemerken. Zur Feststellung der Diagnose dürfe man aber auch die begleitenden Umstände und die Entstehungsweise nicht unberücksichtigt lassen. Der Befund p. vagin. sei unwesentlich, weil nicht constant. Sehr erschwert werde die Diagnose bei Complication mit Ascites; bei erschlafften Bauchdecken gelinge es jedoch in der Regel, die harte, in der Tiefe liegende Geschwulst zu fühlen.

Die Resultate der Ovariotomie waren 1852 nicht viel besser als 1851. Vollständig operirt wurden 20 Kranke, von denen nur 8 genasen.

Allmählig hatte die Ovariotomie den Reiz der Neuheit verloren. In **England** und **Amerika** wusste sie, unter glücklichen Auspicien begonnen und von ihren Anhängern durch Wort und That energisch vertheidigt, ihre Gegner zum Schweigen zu bringen und sich eine feste Stellung in der Reihe der wenn auch gefährlichen, so doch immerhin berechtigten Operationen zu gewinnen. Man kannte die Operation allseitig, und wandte sie im geeigneten Falle ebenso gut an als Amputationen und Exarticulationen, ohne sich veranlasst zu sehen, immer wieder von Neuem weitläufige Krankengeschichten mit allbekannten Nebenbemerkungen zu veröffentlichen. Wir finden daher in der nächsten Periode der Ovariotomie in England's und Amerika's Literatur nur mehr Fälle von besonderem Interesse ausführlicher dargelegt oder aber mit Uebergehung der näheren Beschreibung des Operationsverfahrens, das man unwandelbaren Regeln unterworfen glaubte, pathologisch-anatomische Untersuchungen der vorgefundenen Geschwülste oder Abhandlungen über deren Diagnose etc. — Auch in **Deutschland** war die Operation in den letzten Jahren bekannter geworden, aber mit Erfolgen, die nur entmuthigend auf Diejenigen wirken konnten, die sie unternommen oder befürwortet hatten, die aber ganz dazu angethan waren, ihre Gegner zu steifen. Jene, durch ihre eigenen Resultate geschlagen, räumten in den kommenden Jahren das Feld, das diese mit einem Siegesbewusstsein besetzten, welches bald jeden Versuch der Operation für die grösste Thorheit erscheinen liess. — **Frankreich** bleibt für die nächste Zeit, was es bisher gewesen. Von den ersten chirurgischen Autoritäten ignorirt oder der Verbannung anheimgegeben, konnte die Operation keinen festen Fuss fassen; sie war und blieb noch verrufen und verpönt, wenn auch Einzelne [1]) glaubten, dass aus Rücksicht auf das Alter der Kranken, ihren sonst sicheren und baldigen Tod, ja aus Rücksicht auf die Moral die Operation zuweilen indicirt sei.

In **Deutschland** fanden 1853 vier Versuche der Ovariotomie statt, welche wie die meisten früheren unglücklich endeten.

---

1) Gazette med. de Strassbourg 1852. Études sur le traitem. etc. v. Michel.

Am besten erging es noch Bruns[1]); er entfernte ein Cystoid, das zwar viele aber leicht trennbare Verwachsungen hatte; die Kranke starb in der 4ten Woche an Peritonitis. Rothmund und Siebold[2]) fanden so bedeutende Adhaesionen, dass sie die totale Exstirpation nicht ausführen konnten; jener wurde zudem noch von einer bedeutenden arteriellen Blutung überrascht; die Operirte starb am 6ten Tage. Siebold entfernte von den Cystenwandungen, was entfernbar war und vereinigte die Wundränder des zurückgebliebenen Theiles mit dem Rand der Bauchwunde; Tod nach 36 Stunden. — Spiegelberg[3]) hatte eine Ovarialcyste diagnosticirt; er machte in der lin. alb. zunächst einen 1" langen Einschnitt und kam bald auf eine weissliche glänzende Haut, die vermeintliche Cystenwand; er erweiterte jetzt die Wunde bis zu 4 Zoll, suchte und fand überallhin Adhaesionen, aber alle leicht trennbar; darauf schnitt er die Cyste ein, fand aber nach ihrer Entleerung ihre Wandungen so dünn, dass er glaubte, sich in der Diagnose getäuscht zu haben; er hielt die vermeintliche Cystenwand für das Peritonaeum, die Adhaesionen für subperitoneales Zellgewebe und die entleerte Flüssigkeit für freien Ascites; sonderbar schien ihm nur, dass sich nach Entleerung der ascitischen Flüssigkeit keine Gedärme in der Wunde zeigten. Er schloss also die Wunde wieder. Die Flüssigkeit regenerirte sich und die Frau erlag schliesslich den wiederholten Punctionen. Die Section ergab nun doch Cystenentartung des linken Ovarium aber Verwachsung der Cystenwand mit dem Peritonealüberzug der vorderen Bauchwand zu einer einzigen, untrennbaren Haut.

Clay hatte Ende 1853 57 complette Ovariotomieen gemacht, von denen 40 heilten, 17 starben. — Erichson sprach sich bei Mittheilung einer Ovariotomie in dem Assoc. Journ. 1854 in folgender Weise über diese Operation aus: „Nach den Statistiken stehen die Resultate jetzt so, dass sie **unbedingt für die Zulässigkeit derselben** sprechen. Sie ist in-

---

2) Steudel, Beschreibung einer Cystengeschw. d. Eierst. Tübingen 1856.
2) Fock's Tabelle.
3) Monatsschr. f. Geburtsk. B. 14.

dicirt: 1) Wenn die Gesundheit mit der Zunahme der Geschwulst immer mehr schwindet; 2) wenn keine bedeutenden Adhaesionen zu fürchten sind und 3) wenn alle andern Mittel fehlschlugen. — Adhaesionen sind zu fürchten, wenn eine Peritonitis vorausging, wenn die Geschwulst weder bei der In- noch Exspiration den Ort verändert und wenn, sobald die Kranke sitzt, jene keine Neigung zeigt, in den Zwischenraum zwischen die Musculi recti zu treten. Hat man es mit einer Cyste zu thun, so sinkt sie nach der Punction, so lange keine Adhaesionen bestehen, frei in die Beckenhöhle hinab. Eine genaue Untersuchung der Blase und des Uterus mit der Sonde werden den nöthigen Aufschluss über Adhaerenzen mit diesen Theilen geben; befinden sich welche nach hinten und rückwärts, so ist es nicht möglich, sich vor der Operation genau davon zu überzeugen; hier ist die Explorativincision angezeigt. Sind die Adhaesionen bedeutend, so schliesse man die Wunde sofort wieder, was gewöhnlich keine bedeutenden Folgen hat, da das Peritonaeum in solchen Fällen seine Eigenschaft als seröse Membran fast ganz verloren hat und für diffuse, gefährliche Entzündungen weniger empfänglich ist." Die Nachbehandlung leitet Erichson wie bei den Bauchwunden im Allgemeinen.

Aehnlich wie Erichson spricht sich auch J. Tayler Bradford [1]) aus. „Hat man," sagt er, „Zweifel, ob die Erkrankung im Ovarium sitzt oder nicht, so sollte man nicht operiren, und ebenso sollte man es machen, wenn man zahlreiche Adhaesionen zu gewärtigen hat oder ihre Trennung zu gefährlich scheint... Viele Ovariotomieen verdanken ihren unglücklichen Ausgang bedeutenden diagnostischen Irrthümern, einer mangelhaften Differentialdiagnose zwischen den Fällen, welche die Operation indiciren und jenen, welche sie contraindiciren und mit oder ohne Operation jedenfalls schlimm enden."

Die grosse Verschiedenheit in der Gefährlichkeit der Operation zwischen England z. B. und Deutschland scheint Busch [2]) durch klimatische Verhältnisse bedingt zu sein,

---
1) Americ. Jour. of. med. scienc. B. XXVII.
2) Chir. Beobachtungen, Berlin 1854 von Dr. W. Busch.

wenn auch Verschiedenheiten in dem Operationsverfahren etc. nicht ausser Betracht zu lassen sind. Er räth dringend zur Einnähung des Stiels in die Wunde, um jede Blutung zu vermeiden. Auf die Punction ist Busch nicht besonders günstig zu sprechen. „Da," sagt er, „die langsame Regeneration der Flüssigkeit nach der Punction zu den Seltenheiten gehört, eine radikale Heilung selbst bei einfachen Cysten und bei der Vaginalpunction ein unendlich seltenes und rein zufälliges Ereigniss ist, da ferner die Flüssigkeit gewöhnlich bald so wiederkehrt, dass eine erneute Punction nöthig wird, und da fast immer nach jeder neuen Punction die Regeneration in kürzerer Zeit als nach der nächstvorhergehenden stattfindet, da schliesslich die Sterblichkeitsverhältnisse derselben sehr ungünstige sind, so ist die Punction, wenn überhaupt indicirt, auf den möglichst späten Termin hinauszuschieben."

Der Rath, den Busch gibt, den Stiel in der Bauchwunde zu befestigen, ist, wie wir mehrmals schon sahen, kein neuer; von Stilling zuerst gegeben, wurde er auch von ihm zuerst benützt aber auch von mehreren Andern schon befolgt (Langenbeck, Lee, Erichson, Teale etc.)

Zu erwähnen wäre 1854 noch eine Arbeit von J. B. Brown: On some diseases of women admitting of surgical treatment. Nachdem Brown die verschiedensten Erkrankungen des Weibes, die chir. Behandlung erfordern, abgehandelt, kommt er auch auf den Hydrops ovarii, gibt dessen Entstehungsweise, seine pathologische Anatomie, Diagnose und Behandlung in sehr ausführlicher Weise. Die chirurgische Behandlung zerfällt nach ihm in die einfache Punction, diese mit Druckverband, mit Jodinjection, die Anlegung einer Fistelöffnung durch die Bauchdecken oder die Vagina oder das Rectum, die partielle und totale Exstirpation, die Anwendung von Aetzmitteln und den Gebrauch des Haarseils.

1855 nimmt die Literatur der Ovariotomie immer mehr ab, während die der Jodinjection bei Ovarialcysten sich besonders von Frankreich aus immer breiter macht. — Aus Deutschland sind nur die Mittheilungen über Hydrops ovarii von Bartscher[1] zu nennen wegen eines interessanten Falles

---

[1] Monatsschr. f. Geburtsk. B. 6.

von Selbstheilung der Cyste, nachdem sie sich p. vagin. entleert hatte. — Kiwisch hatte bekanntlich die Punction der Cyste von der Vagina aus als Radicalcur empfohlen (s. S. 21). Wernher, der wegen eines Cystoid's die Exstirpation vornehmen wollte, konnte wegen Adhaesionen die Operation nicht vollenden und verlor seine Kranke am 3ten Tage. — Wilson operirte bei einer Schwangern aus dem 4ten Monat; sie abortirte und genass (s. S. 15. Bird). W. L. Atlee zu Philadelphia veröffentlichte 1855 [1]) eine Synopsis von seinen 30 eigenen Ovariotomieen. Schade nur, dass er dabei nur so karge Notizen gab. Es endeten von diesen 30 16 mit Genesung, 14 tödtlich. Der Tod erfolgte 5mal durch Collapsus, 4mal durch Peritonitis, 3mal durch Haemorrhagie und 1mal nach brandiger Perforation des Jejunum. — Im Ganzen heilten 1855 von 15 Ovariotomieen 8.

Das Jahr 1856 gab der Ovariotomie in Deutschland den Todesstoss; und diesen zu führen war um so leichter, als eben die meisten Bemühungen der Deutschen zu Gunsten der Operation fehlgeschlagen waren. Zwar treten noch 4 Operateure für sie in die Schranken, zwar vertheidigte Fock sie noch so gut es irgend bei den in Deutschland erhaltenen Resultaten möglich war, aber sie konnten den Schlag nicht mehr pariren, den die französische Academie gegen sie führte, um so weniger als die meisten deutschen Gegner der Operation jener auf alle mögliche Weise zur Seite standen.

Fock schrieb einen Aufsatz [2]): Ueber die operative Behandlungsweise der Ovariumscysten, insbesondere über den Nutzen der Jodinjectionen etc. Die letzteren waren, wie schon erwähnt, besonders von Frankreich aus in Anregung und Anwendung gebracht worden. Bei den traurigen Resultaten, die die Deutschen in der Ovariotomie erlebt hatten, war diesen nichts willkommner, als eine anderweitige Operationsweise, die radicale Heilung zu bringen vermochte. Wenn nun auch Fock der Jodinjection bei einkammerigen Cysten mit serösem Inhalte, besonders wenn sie noch nicht lange bestanden und wenige Adhaesionen haben, das Wort

---

1) Amer. Journ. of. med. scienc. 1855.
2) Monatsschr. f. Geburtsk. B. 7.

redet, so glaubt er doch auch, trotz allen Widerspruchs, für die Ovariotomie das Bürgerrecht in der Chirurgie beanspruchen zu müssen. Er glaubt, dass allerdings diese Operation oft allzuleichtfertig unternommen worden ist, dass sie zwar zu den an und für sich gefährlichen Operationen gehöre, aber doch im Wesentlichen keine schlimmern Resultate liefere als jeder andere bedeutende operative Eingriff auch. Fest stehe zudem, dass, im Vergleich zu allen übrigen Behandlungsweisen des Hydrops ovarii, durch die Exstirpation allein mehr Kranken das Leben gerettet wurde als durch jene zusammen. Es möchte zudem noch Manches besser geworden sein, hätte man nicht zuweilen da operirt, wo man aus dem Habitus der Kranken und nach dem Verlauf der Krankheit schon vor der Operation carcinomatöse Complication annehmen konnte. Vor Allem thue desshalb eine genauere Differentialdiagnose Noth.

Das practisch Wichtigste aus Fock's Schrift ist Folgendes:

1) Die therapeutische Behandlung der Ovarialcysten sollte wegen ihrer grossen Unzuverlässigkeit nie zu lange fortgesetzt werden, sobald das Uebel trotz derselben weiter schreitet.

2) Bei den unter ausgeprägt entzündlichen Erscheinungen entstandenen Cysten ist die Punction mit Compression zu versuchen.

3) Bei einkammerigen Cysten mit serösem Inhalt ist die Jodinjection indicirt, sobald das Allgemeinbefinden nicht erheblich gestört ist und keine entzündlichen Symptome in der Cyste bestehen.

4) Bei den mehrkammerigen Cysten und dort, wo die Jodinjectionen erfolglos bleiben, ist die Ovariotomie vorzunehmen, sobald keine erheblichen Adhaesionen bestehen.

5) Bei weithin verwachsenen Cystoiden stehe man von jedem operativen Eingriff ab, so lange keine Indicatio vitalis denselben verlangt. Tritt eine solche ein, so versuche man zunächst die Punction der grösseren Cysten; wäre diese etwa wegen Dickflüssigkeit des Inhalts nicht zulässig, so müsste eine genügend grosse Incision oder auch die partielle Exstirpation versucht werden.

6) Bei den in grosser Ausbreitung adhaerenten einkam-

merigen Cysten, bei denen Jodinjection und Compression erfolglos blieb, könnte die Punction mit Liegenlassen eines elastischen Katheters versucht werden, wenn sonst ein lethaler Ausgang zu fürchten ist.

7) Bei in Verjauchung übergegangenen Cysten entleere man die Jauche durch eine Punction oder eine grössere Incision und unterhalte den freien Abfluss durch Einlegen eines Katheters oder einer Wicke. Ausserdem mache man reinigende Einspritzungen.

8) Scheint neben dem Hydrops Carcinom zu bestehen, so enthalte man sich eines jeden operativen Eingriffs oder nehme höchstens die Palliativpunction vor.

9) Diese letztere ist überhaupt nur da indicirt, wo eine Radicaloperation nicht vorgenommen werden kann, aber die Entleerung der Cyste Indicatio vitalis ist.

Die 4 Letzten, die, soweit uns bekannt, bis zum Jahre 1862 in Deutschland die Ovariotomie vornahmen, sind Bardeleben [1]), Baum [2]), Janson [3]) und Schuh [4]), der erstere mit günstigem, die 3 letzteren mit ungünstigem Ausgang.

Das schroffe Auftreten der Académie de médecine gegen die Ovariotomie wurde durch einen Vorschlag von Barth (1856) angeregt, den er der Académie zur Heilung der Ovarialcysten machte. Er meinte die Einziehung von Chassaignac's Drainageröhren in die Cyste, ein Verfahren, das Chassaignac selbst später entschieden verwarf. Dies gab Veranlassung, auch die übrigen Behandlungsweisen der Ovarialcysten zu besprechen. Das Endresultat dieser Besprechungen [5]), die 3 Monate lang währten, war Folgendes: Man erklärte die Heilversuche durch innere Mittel für unnütz, die Palliativpunction für sehr werthlos, dagegen die Jodinjection für das beste, sicherste und gefahrloseste Heilverfahren. Zwar verloren sämmtliche der Operateurs, die ihre Erfahrungen

---

1) Mellhose, de tumorib. ovar. cystic. Dissert. Gryphiae 1866.
2) Monatsschrift für Geburtsk. B. 14. 4ter Fall in Spiegelberg's Beiträgen etc.
3) Simon's Tabelle.
4) Oesterreich. Zeitschrift f. prakt. Heilk. II. 1. 1856.
5) Bulletin de l'Acad. de méd. 1856—1857.

über Jodinjection mittheilten, auch etwelche Kranke nach derselben, aber da war eben nie die Operation, noch der Operateur, sondern allein die Kranke selbst die Ursache ihres Todes! — Die Aussprüche der einzelnen Mitglieder der Académie über die Ovariotomie sind so bezeichnend, dass wir nicht umhin können, einzelne derselben anzuführen:

Malgaigne sagte: „In Amerika und Frankreich sprach man viel von der Exstirpation der Eierstockscysten. Diese Operation scheint mir nur zu radical, schützt die Frau nur zu sicher gegen Recidive. Die aufgestellten Statistiken beweisen Nichts. Man weiss, was diese Statistiken werth sind, in denen alle Erfolge aufgezählt sind, während die Liste der schlimmen Ausgänge fehlt." Cruveilhier meinte: „Es gibt kein Heilmittel für die multiloculären Cysten. Es gäbe wohl eines, ihre Exstirpation; aber obgleich diese Operation einigermassen durch die Isolirtheit der Geschwulst, die vollständige Integrität der benachbarten Organe und durch die Leichtigkeit des Operationsverfahrens befürwortet wird, so glaube ich doch nicht, dass sich diese waghalsige Operation in Frankreich einbürgern darf. Der Erfolg rechtfertigt nicht immer ein tollkühnes Unternehmen." — Huguier weist trotz der Statistiken mit Malgaigne die Exstirpation entschieden zurück. — Jobert glaubte, dass sie nur sehr selten berechtigt sein könne. Velpeau aber erklärte die Ovariotomie für eine schändliche Operation, die geächtet werden solle, selbst wenn die angeblichen Heilungen wahr wären.

Wer staunt nicht, wenn er gegen einen so einstimmigen Kreis von Bekämpfern der Ovariotomie eine Stimme sich noch vermessen hört, ihr das Wort zu reden. Cazeaux erwiderte allen diesen Verwünschungen: „Bleibt also in diesen unglücklichen Fällen nichts Anderes zu thun übrig, als die Kranken dem Tode zu überliefern? Ich will diese Frage nur entfernt andeuten, denn ich weiss, dass meine Antwort darauf in diesem Kreise wenig Sympathieen ärndten würde, und dass ich, um sie zu rechtfertigen, mich in zu weitläufige Auseinandersetzungen einlassen müsste. Aber ich will diese Rednerbühne nicht verlassen, ohne gegen diese Art von Anathema zu protestiren, wie es von Mehreren gegen die Exstirpation des Eierstocks verkündet worden ist. Bevor man ächtet, muss man untersuchen, und man hat nicht hinreichend untersucht."

Der Bannfluch, der von Paris aus gegen die Ovariotomie geschleudert wurde, fand in Deutschland bald seinen Wiederhall. Scanzoni[1]) sagte 1857: „Wir halten die Exstirpation der Ovarialgeschwülste für ein chirurgisches Wagestück, welches, wenn es gelingt, von den sonst wohl unheilbaren Kranken dankbarst gerühmt und von dem Publikum angestaunt werden muss. Wenn die Kranke um jeden Preis die Operation verlangt, so ist sie wenigstens theilweise zu entschuldigen, indem ihr Urtheil eben durch die zu erduldenden Qualen getrübt und befangen ist; nicht zu entschuldigen ist aber der Arzt, der sich zum Werkzeug eines solchen, wenn auch unwillkürlichen Selbstmordversuchs hergibt. Wir verzichten auf den Ruhm, eine solche Operation mit glücklichem Erfolge ausgeführt zu haben so lange, als unsere Ansicht über die beinahe absolute Tödtlichkeit des Verfahrens keine faktisch überzeugende Widerlegung erfahren hat." — Nicht viel günstiger hatte sich schon vorher Linhardt[2]) ausgesprochen. „Es ist nicht zu wundern," sagte er, „dass diese Operation, welche übrigens schon zur Zeit ihrer grössten Verbreitung die entschiedensten Gegner fand, gegenwärtig nur höchst selten mehr in Ausführung kommt und es zu erwarten steht, dass man allgemein zur Ueberzeugung kommen werde, sie sei niemals indicirt." — Was Linhardt erwartete, trat, wie schon angedeutet, nur zu bald ein. Von 1857 an ist die Ovariotomie in Deutschland verschwunden.

Die Engländer und Amerikaner aber liessen sich so leichten Kaufs nicht aus dem Felde schlagen. Wenn sie auch die Versuche mit Jodinjection nicht bei Seite liessen, so machten sie doch auch die Ovariotomie, stets darauf bedacht, durch weitere Besserstellung der Resultate die Einwände der Gegner zu schwächen. Und dies gelang besonders den Bemühungen von Wells und Hutchinson durch die Angabe und Benützung zweier neuer Instrumente.

---

1) Lehrb. d. Krankheiten der weiblichen Sexualorgane. Wien 1857.
2) Compendium der chir. Operationslehre. Wien 1856.

Im März 1858 gab Thompson[1]) einen neuen Troikart an, der, wie jener von Schuh, den Lufteintritt in die punktirte Höhle hinderte, dabei aber durch Anbringung eines elastischen Schlauches zugleich verhütete, dass die Kranke wie der Operateur durch die abfliessende Flüssigkeit unnöthig beschmutzt werde. — Wenn nun auch bei der Punction einer zu exstirpirenden Ovariumscyste der Eintritt von Luft in den Cystenraum Nichts zu sagen hat, so hat doch der Eintritt des Cysteninhaltes in die Bauchhöhle viele Uebelstände zur Folge. — Spencer Wells hatte dies wohl erkannt und auf dessen Verhütung gesonnen. Kaum hatte daher Thompson seinen Troikart angegeben, so liess sich Wells zu seiner zweiten Ovariotomie (August 1858) einen solchen, nur in bedeutend vergrössertem Massstabe, machen und fand alsbald den Vortheil desselben durch den Versuch bestätigt. Der elastische Schlauch ward so lange, dass er am Operationsbette herunter in ein unter demselben stehendes Gefäss geleitet werden konnte.

Zu derselben Zeit ungefähr nahm auch Hutchinson zu London eine Ovariotomie vor. Dabei setzte er seinen Zuschauern ebenfalls ein neues Instrument auseinander, das er sich zur permanenten Compression des Stiels erdacht hatte. Es war eine Klemme. Dieselbe sollte ausserhalb der Bauchwunde um den Stiel zu liegen kommen so lange, bis sie sich von selbst mit dem durch sie abgeschnürten Theil abstosse. Die Klemme hatte ungefähr die Form eines Zirkels mit einem Querbalken zum Fixiren der Branchen. Sie sollte die Ligatur ersetzen, deren Anwendung nie ohne Bedenken sei und immer die Befürchtung zuliesse, dass sie sich abstreife. Das Instrument entsprach seinem Zwecke vollständig: Die Ligatur wurde erspart, die Blutung aus dem Stiele sicher verhütet und bewirkt, dass Alles, was die Bauchhöhle oder die Bauchwunde unnöthiger Weise reizen oder inficiren konnte, von diesen Theilen möglichst ferne gehalten wurde. — Statt der Klemme versuchte J. L. Atlec den Écraseur. Der Versuch verlief nach Wunsch; die Kranke heilte. Ueberhaupt fielen die Resultate der Ovariotomie 1858 schon sehr

---

1) Med. Times 1858.

günstig aus: von 20 complett Operirten heilten 13. London allein hat 1858 12 Versuche der Ovariotomie aufzuweisen, 4 von Hutchinson, 4 von Wells, 2 von Brown und je einen von Childs und Erichson; davon heilten 8. In 8 Fällen wurde die Klemme gebraucht und 6 davon genasen. Barnes verglich in einem Vortrag, den er in der Western med. and. surg. society zu London hielt, die Erfahrungen seiner Landsleute über die Ovariotomie mit denen der Amerikaner und fand, dass das Durchschnittsverhältniss der Geretteten zu den Todten bei beiden Nationen 3 — 4 zu 1 sei.
— Ganz anders war das Resultat der Nachforschungen von Dr. Simon[1]) für Deutschland ausgefallen. Während Barnes fand, dass die Ovariotomie in England und Amerika entschieden bessere Erfolge liefere als die Amputatio femor., die Herniotomie, die Ligatur der Art. subclav., zeigte Simon, dass dieselbe in Deutschland nicht bloss die Parallele mit einer Herniotomie oder Oberschenkelamputation nicht aushalte, sondern sogar gefährlicher sei als der Kaiserschnitt, bei welchem nach Kaiser nur 63 % zu Grunde gehen, während bei jener 73 % starben.

1859 lieferte Spiegelberg[2]) einen Beitrag zur Anatomie und Pathologie der Eierstockscysten. Am Schlusse desselben kam er auch auf deren Therapie zu sprechen. Er findet sie sehr trostlos; die innern Mittel sind ohne Erfolg und die operative Behandlung so enorm gefährlich. Spiegelberg möchte die Exstirpation doch nicht absolut verwerfen. Man könnte dies nur, wenn man einen Ersatz dafür hätte, der bei gleicher Sicherheit der Radikalheilung im Falle glücklichen Erfolges eine viel geringere Gefahr mit sich brächte. Auch glaubte Spiegelberg die Hoffnung nicht aufgeben zu dürfen, dass die Exstirpation mit Vervollkommnung der Diagnose, der Operationsmethode etc. doch seiner Zeit bessere Resultate liefern werde. In dieser Beziehung seien die in letzter Zeit in London mit der Klemme erzielten Erfolge durchaus ermuthigend.

Sp. Wells[3]) konnte Ende des Jahres 1859 schon 8 Ova-

---
1) Beiträge zur Geburtsk. v. Scanzoni. B. 3.
2) Monatsschr. f. Geburtsk. 1859.
3) Dublin. Quarterly Journ. Nov. 1859.

riotomieen aufweisen (die 1te hatte er im Februar 1858 gemacht), von denen 5 heilten. Ausser der Abänderung des Operationsverfahrens durch Anwendung des schon erwähnten Troikart und der Klemme, die beide durch ihn verschiedentlich umgeändert wurden, machte Wells noch besonders darauf aufmerksam, dass er glaube die Gefahr der Peritonitis dadurch bedeutend zu vermindern, dass er das Bauchfell mit in die Nähte fasse, die zur Vereinigung der Bauchwunde angelegt werden. Eine häufige Todesart nach der Ovariotomie ist Collapsus in den ersten 40 Stunden, ohne dass man dafür einen gehörigen Grund wüsste. Simpson will diese Erscheinung im Allgemeinen bei Operationen am Uterus oder dessen Anhängen zuweilen gesehen haben. Wells glaubt nun, dass die durch die Zerrung des Stiels bedingte Reizung des Uterus die Schuld tragen könne und räth desshalb, den Stiel möglichst lang zu lassen, ihn also, wenn er kurz sei, dadurch zu verlängern, dass man Etwas von der Cyste zu seiner Verlängerung benütze.

Simpson begann 1859 in den Med. Times seine sehr gediegenen Vorträge über den Hydrops ovarii zu veröffentlichen. Da wir späterhin ausführlicher auf diese Arbeit zu reden kommen, so genüge hier deren Erwähnung; ebenso aus demselben Grunde die des Aufsatzes von Sp. Wells in dem Dublin. Quarterly Journ. über 8 Fälle von Ovariotomie etc.

Wie Spiegelberg (s. S. 38) scheint auch v. Franque in Würzburg 1860 einen schwachen Versuch machen zu wollen, der Ovariotomie in Deutschland wieder etwas das Wort zu reden, wenigstens könnte man dies hinter seiner Zusammenstellung vermuthen, die 26 in London in den letzten 18 Monaten unternommene Exstirpationen enthält; von diesen 26 heilten 14 oder $53^{11}/_{13}$ %. Franque glaubt, dass das günstige Verhältniss der Engländer wohl dem Umstande zuzuschreiben sei, dass sie in der letzten Zeit eine bessere Auswahl in der zu operirenden Fällen treffen, sich in der Diagnose sicherer zu stellen wissen und bei zweifelhafter Diagnose ganz von der Operation abstehen und dann, dass das operative Verfahren wesentliche Verbesserungen erfahren habe.

Entschiedener trat, soweit es die Verhältnisse irgend erlaubten, in Frankreich Dr. Jules Worms[1]) zu Gunsten der Ovariotomie auf. Worms ist sich des schwierigen Standpunktes, den er dabei einnimmt, wohl bewusst. Die Académie d. méd. hatte der Ovariotomie kurz vorher das Heimathsrecht in Frankreich entschieden versagt. „Einem solchen Rechtsspruch gegenüber kommt man wirklich in Verlegenheit, wenn man beurtheilen soll, was sich in mehreren auswärtigen Ländern zuträgt, wo diese Operation sehr oft und durch sehr ausgezeichnete Chirurgen gemacht wird. Das Einzige, was man da thun kann, ist im Interesse der Wissenschaft und der Wahrheit die Berichte nach den Quellen selbst mit Strenge aber ohne Vorurtheil zu prüfen." So that Worms und kam zu dem Schlusse, dass man die Ovariotomie oft mit Recht unternommen habe und dass man sie auch in Zukunft werde unternehmen müssen als letztes Mittel zur Rettung des Kranken.

1860 erschien auch der Aufsatz von Dr. Gross[2]) über den Ursprung der Ovariotomie und das Prioritätsrecht in ihrer Ausführung, den wir (S. 2) schon erwähnten, sowie eine Uebersetzung der Kapitel über die Eierstockserkrankungen aus Kiwisch's klinischen Vorträgen in das Englische von J. Clay (nicht der Operateur Ch. Clay), der der Uebersetzer eine Tabelle sämmtlicher ihm bis zum Februar 1860 bekannt gewordener Ovariotomieen beifügte.

J. Clay fand, dass unter 395 zu Ende geführten Operationen 212 heilten, 183 = 45,9 % starben. Grossbritannien lieferte dazu 222 Fälle (127 mit, 95 ohne Erfolg), Amerika 113 (64 mit, 49 ohne Erfolg), Deutschland 51 (13 mit, 38 ohne Erfolg). Am öftesten traf das Leiden das Alter zwischen 20 und 40 Jahren. Unter dem 17ten Jahre wurde nie operirt, wohl aber noch 4mal über dem 60ten. Unter 150 Fällen erlagen 64 der Peritonitis, 25 dem Collapsus, 24 der Haemorrhagie. — Bei 24 konnte die Exstirpation wegen Adhaesionen nur theilweise ausgeführt werden; davon heilten 10, 14 starben; unter jenen 10 sind aber nur 7 vollständige Genesungen. — 13 mal gehörte der entfernte Tumor dem

---

1) Gaz. hebdom. Octob. 1860. Étude historique et critique etc.
2) North americ. med.-chir Review 1860

Ovarium nicht an; es starben davon 10. — Ch. Clay hatte
105mal operirt, Bird 32mal; daran schliessen sich W. I.
Atlee mit 30, B. Brown mit 20, Wells mit 18, Dunlap mit
12, Langenbeck mit 7 Operationen. —

1861 häuft sich die Zahl der Ovariotomieen in England,
soweit wir aus den Zeitschriften zu schliessen berechtigt sind,
massenhaft und mit Resultaten, die günstiger sind als die
sämmtlicher früherer Jahrgänge.

B. Brown operirte 9mal und rettete 8; ebenso oft
operirte Sp. Wells, verlor aber 4; er hatte 6mal hinter
einander Heilung erzielt. Smith verlor von 5 nur 1; im
Ganzen war ihm von 8 nur 1 gestorben etc. Zusammen
wurden in London allein 28 Tumoren exstirpirt und 20 geheilt, dies macht 28,57 % Todesfälle auf 71,43 Heilungen.

So kam es, dass die Ovariotomie überall wieder zur
Tagesfrage wurde, dass sich die Ansicht immer weiter aus-
breitete, dass diese Operation eine der berechtigsten und
schätzenswerthesten der Chirurgia major sei und dass diejenigen, welche sie durch ihre Arbeiten zu dieser Stellung
emporhoben, die Würde unserer Wissenschaft und den Werth
unserer Kunst um ein Beträchtliches steigerten.[1]) Selbst nach
Frankreich drang der Ruf der Operation. Nélaton, der
treffliche Pariser Chirurg, entschloss sich, selbst sich von der
Richtigkeit der englischen Angaben zu überzeugen. Er ging
zu B. Brown. Dieser machte ihm kurz nacheinander 5 Ovariotomieen, von denen 3 vollständig unter seinen Augen heilten, während von der 4ten dasselbe zu erwarten stand und
nur die 5te eine zweifelhafte Prognose zuliess. Nach Paris
zurückgekehrt, theilte Nélaton seinen Zuhörern seine Erfahrungen mit und schloss mit folgenden Sätzen: 1) Man muss
die Chirurgen, wenn sie in einem dazu geeigneten Falle die
Ovariotomie ausführen wollen, in ihrem Streben aufmuntern,
statt sie zu tadeln. 2) Die Operation ist indicirt, wenn eine
multiloculäre Cyste den Verfall der Kräfte oder eine Reihe
ernsterer Zufälle herbeiführt.

Als die Med. Times die Nachricht von Nélaton's Aeusse-
rung erhalten hatten, schrieben sie (Decbr. 1861): „Besser spät

---

1) Med. Times. Decb. 1861.

als nie! Es scheint, dass die Erfolge der britischen und amerikanischen Chirurgen in der Ovariotomie endlich in Frankreich einige Berücksichtigung finden. Man hätte glauben sollen, dass die statistischen Berichte, die wiederholt veröffentlicht wurden, längst diese Wirkung hätten thun können. Aber es ist dies erst dem neulichen Besuche Nélaton's in London zuzuschreiben."

Nélaton's Ausspruch warf mit einem Schlag den Bannfluch der Académ. de. méd. nieder. Die Société de Chirurgie sprach sich mit mehr oder weniger Vorbehalt für die Operation aus und leitete so eine Reihe von Ovariotomieen in Frankreich ein. Demarquay, Koeberle, Nélaton, Boinet etc. machten dieselbe bis zum Januar 1863 19 mal. Aber ihre Resultate waren lange nicht die der Engländer; von den 19 heilten nur 6, 12 starben. Koeberle in Strassburg operirte 5mal und nimmt allein 4 der Heilungen in Anspruch; die 2 andern fallen auf Desgranges in Lyon und Boinet in Paris. „Wären nicht die Resultate dieser letzteren, wir müssten an dem Gedeihen der Operation in Frankreich verzweifeln" sagt Fleury. Aber gibt es keinen vernünftigen Grund für den Erfolg des Einen und das Unglück des Andern? Handelt es sich hier nur um ein Spiel des Zufalls und des Glücks? Fleury glaubt Koeberle's Erfolge theils in der minutiösen Sorgfalt begründet, mit der er die ganze Operation leitet und besonders die Bauchhöhle vor jeder Injurie zu schützen sucht, theils in der Art seiner Nachbehandlung.

Die Geschichte der Ovariotomie zeigt somit kurz Folgendes: Die Ovariotomie ist eine Errungenschaft des 19ten Jahrhunderts. Sie wurde zuerst in Amerika unternommen und verpflanzte sich von da nach England und Deutschland; in beiden Ländern machte man einzelne Versuche mit wechselndem Glück. Mit dem Beginn der vierziger Jahre wurde die Operation durch die glänzenden Erfolge englischer Aerzte, denen sich bald die der amerikanischen anschlossen, allgemeiner bekannt und allgemeiner geübt. Doch in Deutschland verfolgte sie das Unglück. Während man darum in England und Amerika bald die Ovariotomie den berechtigten chirurgischen Eingriffen anreihte, wurde sie in Deutschland immer missliebiger und verschwindet daselbst 1856 ganz. Dazu trug viel der absolute Widerwille der französischen Chirurgie gegen die Operation bei, der sich besonders in einem Ausspruche der Académie de. médec. kund gethan hatte. Dieser schwand erst in der letzten Zeit in Frankreich und machte einer freundlichen Aufnahme der Ovariotomie Platz, während Deutschland im alten Widerwillen verharrt.

Kritik der Ovariotomie.

Die Ovariotomie ist eine lebensgefährliche Operation, aber kein absolut tödtlicher Eingriff. Ueberall, wo sie bis jetzt unternommen wurde, hat sie einem Theil der Operirten das Leben gerettet. Da sie aber immerhin viele Gefahren für dasselbe mit sich bringt, so könnte sie nur angezeigt sein, wenn eine Eierstocksgeschwulst an sich dem Leben der Kranken voraussichtlich ein nahes Ziel setzt und kein anderes, weniger gefährliches Mittel mehr vorhanden ist, das Leben zu erhalten, und auch dann natürlich nur, wenn die Möglichkeit der Exstirpation und die Wahrscheinlichkeit gegeben ist, dass die Kranke den Eingriff überstehe. —

Kleine Geschwülste des Ovarium könnten nur gefährliche Symptome hervorrufen, wenn sie bei zunehmendem Wachsthum in dem kleinen Becken liegen blieben. Es entstünden die Erscheinungen des Drucks auf die benachbarten Theile: Dysurie, Defaecationsstörungen, Schwäche und Taubheit der einen oder der andern der unteren Extremitäten etc. Der Tumor wird aber bei seiner Zunahme nur dann in der Beckenhöhle liegen bleiben, wenn ihn innigere Verwachsungen dort zurückhalten, so bei krebshafter Degeneration. Diese Entartung des Ovarium ist aber die seltenste; zudem wäre bei solchem Thatbestand an einen chirurgischen Eingriff nicht zu denken, da die Verwachsungen bei dem Krebse nur die Brücke sind, über die das Krebsleiden auf die benachbarten Theile fortschreitet und ein Theil des Uterus, der Blase oder des Rectum sich eben nie ungestraft mitentfernen lässt. — Ovarialgeschwülste ohne abnorme Verwachsungen entwickeln sich in der Richtung, in der sie den geringsten Widerstand finden, also nach der Bauchhöhle zu; ja, wenn sie eine gewisse Grösse erreicht haben, pflegen sie sich ganz aus der kleinen Beckenhöhle herauszuheben. Wenn also auch Anfangs die Symptome des Drucks auf die Beckenorgane vorhanden sein mögen, mit dem weiteren Wachsthum der Geschwulst verschwinden sie grösstentheils, und gefährlichere Erscheinungen entstehen erst, wenn der Ovarialtumor sich in der Bauchhöhle soweit ausgedehnt hat, dass er auf die in dieser liegenden Organe, und indirect auch auf jene der Brusthöhle, einen nachtheiligen Druck ausübt. Es leidet dann die Verdauung, der Appetit schwindet, die Kranken erbrechen, magern ab; bald wird auch die freie Thätigkeit von Lunge und Herz erschwert, es stockt die Circulation des Blutes, die Kräfte sinken. — Ist nun das Uebel bis zu diesem Grade gediehen, so kann erfahrungsgemäss weder Jod, noch Brom, weder Quecksilber noch die Diuretica noch irgend ein anderes Medicament das weitere Wachsthum der Geschwulst aufhalten oder gar die letztere zum Rückschritt bringen. Wir glauben darum auch, dass jetzt jede medicinische Behandlung, die möglicherweise den allgemeinen Gesundheitszustand der Kranken nur angreifen oder diese in einen der chirurgischen Behandlung weniger geeigneten Zustand versetzen könnte, aufgegeben und die Patientin chirurgisch behandelt werden sollte.

Jede chirurgische Behandlungsweise der Ovarialtumoren bringt aber Lebensgefahr mit sich. Es fragt sich darum, ob es nicht besser wäre, mit der medicinischen auch die chirurgische Behandlung bei Seite zu lassen. Es ist nichts Neues, dass zuweilen Frauen mit Eierstockscysten Jahrzehnte lang leben, ohne besondere Beschwerden zu erdulden.. Aber dies ist eben leider nicht die Regel sondern eine seltene Ausnahme. Gewöhnlich schreitet das Uebel immer weiter und vermehrt

damit in kürzerer oder längerer Zeit die Beschwerden der
Kranken so sehr, dass sie denselben unterliegt. — Einer der
ersten Gegner der Ovariotomie, Dr. West[1]) beschreibt das
Ende des Leidens wie folgt: „Der Appetit nimmt immer mehr
und mehr ab, zuletzt kann keine Kunst der Küche ihn mehr
reizen; es sinkt die Verdauung, und der zehrende Körper
zeigt nur zu deutlich, wie auch die wenigen Speisen, die die
Kranke zu sich nimmt, nicht mehr nähren. Der Puls fällt,
die Kraft schwindet. Jeden Tag wird eines der gewöhn-
lichsten Bedürfnisse weniger verlangt. Zunächst hören die
Bitten um den Wechsel des Lagers, der Wäsche auf, die
sonst so dringend waren; es schwindet der Wunsch nach
Reinlichkeit und sorgsamer Pflege, bis endlich die Kranke
Tag für Tag in derselben Lage bleibt, trotzdem die zarte
Haut überall wund wird; es genügt ihr, wenn sie noch ruhig
athmen und ungestört leiden kann. Ermattung verscheucht
den Schlaf, oder dieser bringt keine Erquickung mehr. Der
Geist allein bleibt mitten in dem allgemeinen Zerfall ungetrübt,
aber er wird nicht gehoben durch jene illusorischen Hoff-
nungen, welche, wenn sie auch jeden Grundes entbehren, doch
den Phthisiker nie verlassen. Schritt für Schritt sieht die Kranke
den Tod näher kommen; sie beobachtet sein Nahen so genau
wie wir. Und wir? Wir kommen Tag für Tag in das Zimmer der Leidenden, um unthätige Zuschauer eines schreck-
lichen Schauspiels zu sein und verlassen es wieder niederge-
drückt durch das Bewusstsein der engen Grenzen, die unserer
Kunst gezogen sind." — Aber so enge, wie West die Grenzen
unserer Kunst zog, sind sie denn doch noch nicht. Es gibt
noch Mittel, diese Leiden zu lindern, ja das Leben zu retten;
und diese, glaube ich, dürfen wir nicht zurückweisen, wenn
wir auch lange nicht immer dadurch das gewünschte Ziel erreichen; um so weniger dürfen wir dieses, je jünger das be-
treffende Individuum ist, je besser seine Constitution, je mehr
Anspruch an das Leben es noch hätte, wäre das örtliche Leiden
entfernt.

Nur müssen wir, wollen wir das Aeusserste wagen, vor
Allem auch sicher sein, mit was wir es zu thun haben, damit

---

1) Lectures on the diseases of women.

wir nicht etwa die Kranke unnöthig den grössten Gefahren aussetzen. Hier kommen die Schwierigkeiten der Diagnose der Eierstocksgeschwülste in Betracht, auf die wir zunächst näher eingehen wollen. Wir richten uns dabei im Wesentlichen nach den Angaben von Simpson[1]) und B. Brown[2]). Die Hauptpunkte, auf die man bei Stellung der Diagnose auf Ovarialtumoren zu sehen hat, sind folgende:

1) Der Ausgangspunkt und die Lage der Geschwulst. Eigentlich sollte man meinen, es wäre etwas Leichtes, einen Ovarialtumor von einem solchen des Uterus schon dadurch zu unterscheiden, dass jener nach der natürlichen Lage des Organes auf die eine Seite des Abdomens zu liegen komme, dieser in die Mitte. So ist es auch in einzelnen Fällen und bis zu einer gewissen Zeit. Zuweilen wird man direkt zur Annahme eines Ovarialtumors durch die Angabe der Kranken geführt, dass sie die Geschwulst anfangs auf der einen Seite gefühlt habe und im untersten Theile der Bauchhöhle. Aber wenn die Geschwulst die Grösse erreicht hat, dass sie die Organe des Unterleibs und das Diaphragma wesentlich beeinträchtigt, also so bedeutend geworden ist, dass sich die Kranke endlich entschliesst, ärztlichen Rath einzuholen, dann findet man sie oft eine Lage in der Unterleibshöhle einnehmen, die so central sein kann als die des vergrösserten Uterus. Wenn hier die Kranke den Anfang des Uebels nicht beobachtet hat, so kann die Lage der Geschwulst für sich leicht irre führen.

2) Die Form der Geschwulst. Sie ist im Ganzen rundlich. Oft fühlt sich die Oberfläche glatt und eben an, oft auch ist sie uneben und höckerig. Haben wir es mit einer einfachen Cyste zu thun, so ist ihre Form vollkommen regelmässig und ihre Oberfläche so glatt und eben, wie die des schwangern Uterus zu sein pflegt. Fast ebenso ist es, wenn der Tumor aus einer zahllosen Menge kleiner Cysten besteht. Bei den multiloculären Geschwulstformen aber finden sich Erhabenheiten und Vertiefungen der Oberfläche von verschiedener Ausdehnung, die den einzelnen grösseren Cysten ent-

---

1) Med. Times. 1859.
2) Lancet. 1850.

sprechen. Zuweilen bildet das Ganze eine unregelmässige Masse und fühlt sich an, wie ein Sack, gefüllt mit einer Anzahl grösserer und kleinerer Kugeln; so besonders bei dem Krebs.

3) Die Consistenz der Geschwulst. So lange sie klein oder aus einer Menge kleiner Cysten zusammengesetzt ist, fühlt sich eine Eierstockgeschwulst fest und elastisch an. Gewöhnlich aber ist sie, wenn sich die Patientin einmal dem Arzte zeigt, weich und fluctuirend. Das Gefühl der Fluctuation ist meist untrügerisch. Aber man muss bedenken, dass, wenn die amniotische Flüssigkeit im schwangeren Uterus sehr bedeutend ist, die Fluctuation des letzteren auch sehr deutlich und sehr oberflächlich sein kann; dass zuweilen solide, elastische Geschwülste täuschende Fluctuation zeigen.

Ausgangspunkt und Lage, Form und Consistenz einer Geschwulst in der Bauchhöhle sind Momente, die uns auf die Vermuthung bringen können, dass dieselbe von dem Eierstock ausgehe; zur Wahrheit wird diese Vermuthung erst, wenn wir die Degeneration anderweitiger Organe des Unterleibs sowie all' die Dinge ausgeschlossen haben, mit denen eine Eierstocksgeschwulst verwechselt werden kann.

Die gewöhnlichste Verwechslung ist die mit dem schwangeren Uterus. Die foetalen Herztöne machen uns die Erkenntniss der Schwangerschaft in ihren späteren Monaten meist leicht. Doch versäume man nie, wenn man Herztöne auf einer Bauchgeschwulst hört, so langsam oder so schnell sie auch sein mögen, sie mit dem Pulse der Frau zu vergleichen und sorgsam zu bestimmen, ob sie mit diesem korrespondiren oder nicht. Die foetalen Herztöne sind das wesentliche differentielle Merkmal zwischen Uterus gravidus und tumor ovarii; alle übrigen, die man angegeben, sind von untergeordneter Bedeutung, so die Raschheit des Wachsthums der Geschwulst, das Placentargeräusch, das Ballottement.

Der Ovarialtumor und das Uterusfibroid unterscheiden sich a) durch ihre Consistenz: Fibroide sind fest, solid, massiv und schwer, enthalten sehr selten Hohlräume, sondern bestehen durchweg aus fibrösem Gewebe. Wenn ein gestieltes Uterusfibroid nicht durch entzündliche Adhaesionen fixirt ist, kann man gewöhnlich seine charakteristische Consistenz entdecken, während man den Tumor von der einen Seite der Bauchhöhle zur andern schiebt oder wenn man ihn gleichzeitig von der Vagina aus und von Aussen her untersucht. Doch zuweilen nützt dies Alles nichts; das Fibroid kann, wenn auch sehr selten, sich locker und mehr oedematös anfühlen, der Ovarialtumor fest und hart." b) Durch ihre Oberfläche. Wenn auch die Eierstocksgeschwulst auf ihrer Oberfläche zuweilen da und dort Erhabenheiten und Vertiefungen zeigt, im Allgemeinen fühlt sie sich glatt und gleichmässig geebnet an. Grosse Uterusfibroide aber sind mehr rauh und knotig, da sie meist aus einer grösseren Anzahl kleinerer Fibroide zusammengesetzt sind; und wenn auch eines derselben sich so sehr vor den andern entwickelt hätte, dass es eine einzige Geschwulst mit weiter, glatter Oberfläche zu sein scheint, so findet man doch oft noch die kleineren bei genauer Untersuchung an den Seiten des grossen hinaufwachsen. Gewöhnlich enthalten auch die Wände des Uterus nicht blos ein Fibroid, sondern mehrere in verschiedenen Stadien ihrer Entwicklung und verschieden sitzend. Darum findet man öfters bei einem Uterusfibroid ähnliche Geschwülste, die von jenem getrennt auf der Oberfläche des Uterus sitzen oder aus ihm als harte Kugeln herauszuwachsen scheinen. Nie findet man bei Eierstocksgeschwülsten mehrere kleinere ganz getrennt von dem grossen. — c) Durch die Auscultation. Das Stethoskop gibt nach Simpson eines der besten differentiellen Merkmale ab. Legt man dasselbe an ein Uterusfibroid, das gross genug ist, um aus dem kleinen Becken herausgetreten zu sein, so hört man oft ein Geräusch, das dem sogenannten Placentargeräusch ganz ähnlich ist. Dieses Geräusch entsteht bei Uterusfibroiden, die sich in der Muskelmasse des Uterus und nicht bloss unter dessen Peritonealüberzug entwickeln. Nie höre man ein solches Geräusch bei Ovarialtumoren. Churchill, Scanzoni u. A. wollen zwar auch bei Eierstockgeschwülsten ein bestimmtes Geräusch gehört haben, aber sie konnten ihre Diagnose nicht durch die Section bestätigen; Simpson bezweifelt desshalb vorerst noch die Richtigkeit derselben. Wenn man dieses Geräusch höre und sicher wisse, dass die Frau nicht schwanger sei, so dürfe man mit Bestimmtheit ein Uterusfibroid annehmen. — d) Durch den Zusammenhang mit dem Uterus. Sorgsame Vaginalexploration gibt einige weitere werthvolle Anzeichen. Wenn der Uterus mit dem Finger erreicht oder noch besser, wenn die Uterussonde in seine Höhle eingeführt werden kann, so fühlt man bei dem Uterusfibroid durch die Bauchdecken die ganze Masse sich in dem Grade von der einen Seite zur andern hin und herbewegen, als man den Uterus mit der Sonde bewegt; bei Ovarialtumoren bewegt sich der Uterus allein und die durch die Bauchdecken zu fühlende Geschwulst bleibt bewegungslos. Oder umgekehrt: berührt man mit dem Finger das orificium uteri und macht von Aussen her Bewegungen mit der Geschwulst, so kann man aus der Gleichzeitigkeit der Bewegungen der Geschwulst mit dem Uterus auf ihren Zusammenhang schliessen. — e) **Durch die Grösse des Uterus.** Eines der sichersten Zeichen für das Uterusfibroid zum Unterschied von einem Ovariumstumor ist die Verlängerung der Höhle des Uterus bei intraparietalen und submucösen Fibroiden. Diese Verlängerung findet man sicher mit der Sonde. Während der nicht schwangere, normale Uterus nur $2^{1}/_{2}''$ lang ist, kann man bei Uterusfibroiden die Sonde zuweilen 3—6" ja 8" tief einführen. Die ausgesprochene Verlängerung des Uterus ist ein zweifelloses Zeichen, dass der in Frage stehende Tumor dem Uterus angehört.

Entstehen Zweifel, ob man es mit **einer Ovarialcyste oder freiem Ascites** zu thun habe, so berücksichtige man Folgendes: Die **Form des Leibes** ist bei beiden Arten des Hydrops ganz verschieden: Bei dem Hydrops ovarii ist der Bauch in der horizontalen Lage wie bei dem schwangeren Uterus hochgewölbt, besonders gegen den Nabel zu; selten nur ist die Wölbung unregelmässig und nicht kugelig; bei dem Ascites ist er in derselben Lage mehr flach und zeigt eine bedeutendere Ausbuchtung nach den Seiten, da die freie Flüssigkeit immer nach den tiefsten Theilen sinkt. Der Nabelring wird bei hochgradigem Ascites ausgedehnt, das Peritonaeum, an dieser Stelle mit der dünnen Nabelhaut eng verbunden, zapfenförmig vorgedrängt. Die Nabelhaut verliert ihr narbig eingezogenes Aussehen, ist durchaus glatt. Diese Gestaltung des Nabels findet bei Cystovarien nicht statt (Linhart). — Die **Percussion** gibt bei einem grossen

Ovarialtumor um den Nabel herum und an allen Stellen, wo die Cyste direkt mit der vorderen Bauchwand in Berührung steht, einen matten Ton, während seitlich und oberhalb der Geschwulst der Ton durch die dahin verdrängten Eingeweide tympanitisch ist. Bei dem Ascites dagegen ist in der Höhe des Nabels der Schall meist tympanitisch, während er seitlich dumpf ist; sollte aber die Flüssigkeit so massenhaft sein, dass sie über den Nabel hinaufsteigt, also der Ton dadurch auch um diesen herum matt wäre, so könnte man doch den tympanitischen Schall noch dadurch erzeugen, dass man mit dem Finger, auf dem man percutirt, stark auf die Nabelgegend drückt und so die Flüssigkeit nach den Seiten hin verdrängt; man gelangt dadurch bis auf die Gedärme. Ist man immer noch im Zweifel, so lässt man die Kranke bald auf die eine, bald auf die andere Seite liegen, wobei bei freiem Ascites die Flüssigkeit immer auf die Seite sinkt, auf der die Kranke liegt, was durch die Percussion leicht nachweisbar ist; die Ovarialcyste zeigt diesen Wechsel lange nicht in so auffallendem Grade. Die Percussion führt nur dann zu keiner correcten Diagnose, wenn der Ascites mit Entartung des Netzes verbunden ist oder Verwachsungen der Eingeweide mit der vorderen Bauchwand bestehen. Hier hilft übrigens **die Krankengeschichte** nach; diese zeigt, dass die Patientin bei dem Ascites abdom. an einem Leber-, Herz- oder Nierenleiden litt oder noch leidet und dass die Ausdehnung des Leibes an seinen tiefsten Theilen begann und allmählig und gleichmässig aufwärts stieg. Bei der Ovarialcyste beginnt das Leiden seitlich und als umschriebene Geschwulst, während im Uebrigen der Körper ganz gesund sein kann. **Daher bei dem Ascites auch immer cachectisches Aussehen schon in seinen früheren Stadien**, bei der Eierstockwassersucht lange Zeit ungestörtes Wohlbefinden. Bei dem Ascites steht **der Uterus** immer sehr tief, umgekehrt bei dem Hydrops ov. Ist der letztere mit Ascites verbunden, so wird die **Paracentese** der Bauchhöhle Aufschluss geben. — Gross[1]) behauptet, dass die Flüssigkeit bei älteren Cysten immer Blutkörperchen in

---

1) System of Surgery 1862.

ihrem Zerfall, Epithelialzellen, Fett und Cholestearincrystalle in reicher Menge enthalte, während der Ascites davon frei sei. Ist der natürliche Ausführungsgang für die Secrete des Uterus verschlossen, so können jene durch Anhäufung den Uterus weit ausdehnen (**Hydrops uteri**). Dies sowie der **Hydrops amnii** — die krankhaft vermehrte Anhäufung von amniotischer Flüssigkeit im schwangeren Uterus — könnten leicht eine Ovarialcyste vortäuschen. Gegen Irrthümer dieser Art sichert die Untersuchung per vaginam mit dem Finger und zur Noth mit der Sonde.

Auch die **ausgedehnte Blase** könnte für den Augenblick um so leichter irre führen, als damit Incontinenz verbunden sein kann. Dagegen schützt am sichersten der Katheter. — Man sollte überhaupt bei Stellung einer Differentialdiagnose von Becken- und Bauchgeschwülsten nie die Anlegung des Katheters vergessen.

Die grössten Schwierigkeiten machen zuweilen die **Hydatiden**. Zum Glück kommen sie selten vor. Sitzen sie im Netz, so kann man sich die Diagnose zuweilen dadurch sichern, dass sich der Tumor soweit nach oben schieben lässt, dass wir die Ueberzeugung gewinnen, er könne mit der Beckenhöhle nicht im Zusammenhang stehen. Zudem würde die Kranke angeben, dass die Geschwulst hoch oben in der Bauchhöhle begann und erst bei zunehmender Grösse abwärts stieg.

Man sollte nicht glauben, dass eine Verwechslung mit **Tympanitis** auch möglich sei, und doch führt Simpson 6 Fälle an, wo man nach Eröffnung der Bauchhöhle zur Ovariotomie Nichts als Tympanitis fand. Die Percussion gibt hier natürlich untrügliche Sicherheit.

Die Leber kann so sehr an Umfang zunehmen, dass sie fast die ganze regio iliaca dextra einnimmt, so durch einfache Hypertrophie, durch Ablagerung von Hydatiden oder Krebsmassen. In solchem Falle kann man in der Rückenlage der Frau die Geschwulst nach oben bewegen ohne irgend eine correspondirende Mitbewegung des Uterus. Zwischen dem unteren Ende der Geschwulst und dem Rande des Beckens findet man tympanitischen Schall, während sich von hier ab der leere Ton bis unter die 6te und 7te rechte Rippe verfolgen lässt. Hat man das Leiden schon früher beobachtet, so findet man das Wachsthum der Geschwulst von oben nach unten.

Wie die Leber vergrössert sich zuweilen auch die Milz enorm und stellt dann einen in die Länge gezogenen, glatten, resistenten, unelastischen Tumor dar, mit regelmässiger Oberfläche, aber meist eingekerbtem Rande. Er steigt, das Diaphragma vor sich herschiebend, unter den Rippen soweit als möglich in die Höhe und reicht andererseits weit unter den Nabel herab, so dass sein unterer Rand in gleicher Höhe mit der Crista oss. ilei gefühlt wird. Ja zuweilen geht er selbst durch die fossa iliaca bis in die Beckenhöhle herab, so dass sein unterer Rand gar nicht mehr begrenzt werden kann. Da wäre dann eine Verwechslung mit einem Ovarialtumor möglich. Aber nimmt man den objectiven Befund zusammen mit der Krankengeschichte, so wird die Möglichkeit der Täuschung schwinden. Ein Milztumor von solcher Grösse besteht nie ohne anderweitige, entsprechende Krankheitssymptome.

Wir könnten noch andere Möglichkeiten der Verwechslung aufzählen, so mit Anhäufung von Faecalmasse, mit der wandernden Niere, mit Entartungen der Darmwandungen, des Pancreas etc., aber derartige Dinge liegen uns zu ferne. Bleibt indessen ein irgend gewichtiger Zweifel in der Diagnose — und es kommen Fälle vor, die der sorgfältigsten Untersuchung trotzen — so stehe man eher von jedem gewagten Unternehmen ab, als dass man der Kranken statt Rettung den sichern Tod bringt.

Ist die Diagnose auf einen Ovarialtumor gestellt, so bleibt uns noch übrig, die Merkmale der einzelnen Arten der Eierstocksentartungen zu besprechen, da die Unterscheidung derselben practisch sehr wichtig ist. Mit Rücksicht auf die chirurgischen Behandlungsweisen müssen wir hauptsächlich solche Eierstocksgeschwülste unterscheiden, die in grösseren Räumen Flüssigkeit enthalten, durch deren Entleerung die Geschwulst so sehr verkleinert werden kann, dass die durch ihre Grösse verursachten Beschwerden, wenn auch nur zeitweise, schwinden und jene, bei denen dies wegen ihrer solideren Beschaffenheit nicht möglich ist. Zu jenen gehört die

Cyste und das Cystoid, zu diesen das Colloid und die soliden Geschwülste. — Die einfache Ovariumscyste (Hydrops ovarii unilocularis) zeigt einen einzelnen grossen Hohlraum mit meist dünnen Wandungen und dünnflüssigem Inhalt. Die Geschwulst ist kugelig, füllt die Bauchhöhle gleichmässig aus, ist an der Oberfläche glatt und prall anzufühlen. Fluctuation besteht über die ganze Geschwulst hin und breitet sich von einem gegebenen Punkte nach allen Seiten gleichmässig aus. Die Geschwulst wächst langsam. Das Allgemeinbefinden ist relativ gut.

Das Cystoid (Hydrops ovarii multilocularis) zeigt eine Menge von Cysten der verschiedensten Grösse, gewöhnlich aber so, dass eine oder zwei derselben die andern an Grösse bei Weitem übertreffen. Diese grössten steigen in die Bauchhöhle herauf und lagern sich unmittelbar hinter die vordere Bauchwand. Oft geschieht es, dass auch die letzte Scheidewand zwischen den grossen Cysten schwindet und so aus mehrern eine einzige grosse Cyste wird, so dass wir der äussern Untersuchung nach das Cystoid nicht mehr von der einfachen Cyste unterscheiden können. Findet die Verschmelzung nicht statt, so erkennen wir das Cystoid daran, dass der Umfang der Geschwulst kein kugeliger ist, sondern sich wie 2 oder mehrere mit einander vereinigte Halbkugeln darstellt mit Vertiefungen da, wo die einzelnen Cysten aneinander stossen. Das Cystoid ist die bei weitem häufigste Degeneration des Ovarium, wächst rascher als die einfache Cyste, greift desshalb auch die Gesundheit früher an.

Das Colloid, die fibrösen, cartilaginösen und anderweitigen soliden nicht bösartigen Geschwülste des Eierstocks sind als selbstständige Erkrankungen sehr selten, wenn man auch öfters in den Cystenwandungen an einzelnen Stellen fibröse oder cartilaginöse Platten findet. Sie möchten übrigens leicht zu erkennen sein durch ihre Härte und Beweglichkeit, ihr langsames Wachsthum und durch das oft Jahre lang ungetrübte Allgemeinbefinden.

Bösartige Geschwülste des Ovarium erkennt man an der Raschheit ihres Wachsthums, an ihrem Umfang und an der frühzeitigen Störung des Allgemeinbefindens. Am häufigsten findet man noch den Markschwamm. Die Oberfläche der Geschwulst ist höckerig, ihre Resistenz an verschiedenen Stellen sehr verschieden, hier hart und fest, da teigig, halbweich, dort elastisch, fluctuirend. Die subcutanen Venen der Bauchdecken sind in den späteren Stadien bedeutend erweitert.

Steht die Diagnose der Eierstocksgeschwulst fest, und soll nun eine chirurgische Behandlung eingeleitet werden, so ist es, um die richtige Wahl in der Methode der Behandlung zu treffen, noch von grossem Werth, zu wissen, ob die Geschwulst ausser ihrer normalen Befestigung anderweitige Adhaesionen habe. Die Bestimmung der Adhaesionen ist sehr schwierig. Glaubt man mit Berücksichtigung aller möglichen diagnostischen Momente jede Verwachsung ausschliessen zu dürfen, so findet man oft ganz bedeutende. Im Allgemeinen sprechen gegen die Adhaesionen: der Mangel an allen Zeichen der Peritonitis während der Dauer der Krankheit, der gutartige Character der Geschwulst, die Verschiebbarkeit der Haut auf derselben, die Beweglichkeit der Geschwulst unter ihr auf seitlichen Druck und auf Druck des Diaphragma bei der Inspiration — die beiden letzteren Symptome schwinden um so mehr, je grösser der Tumor wird —, das scheinbare Hervortreten der Geschwulst bei der Exspiration. Manchmal findet man bei rauher Oberfläche der Geschwulst ein Reibungsgeräusch, das mit der In- und Exspiration zusammenfällt. Dieses Geräusch lässt wohl auf die Verschiebbarkeit der Geschwulst an der betreffenden Stelle schliessen, schliesst aber längere, membranöse, sowie tiefer gelegene Adhaesionen nicht aus. Th. Lee gibt an, dass das Hervortreten der Geschwulst zwischen den Musculis rectis, wenn man die Kranke sich aus der horizontalen Lage erheben lässt, ähnlich wie diess auch bei Hochschwangeren zu sehen, gegen Adhaesionen spreche. Diese Angabe ist unrichtig. Hat man es mit einer Cyste zu thun, so sinkt sie nach der Punction, so lange keine Adhaesionen bestehen, frei in die Beckenhöhle hinab. Punctionen lassen öfters Adhaesionen zurück.

Die chirurgische Behandlung der Eierstocksgeschwülste richtet sich nach der Natur der Geschwulst und nach deren Beziehung zu ihrer nächsten Umgebung sowie zu dem gesammten Organismus. Haben wir es mit einer Ovarialcyste zu thun, die durch ihre Grösse bedeutende Beschwerden verursacht, so liegt wohl der Gedanke zunächst, die Cyste durch die Punction zu verkleinern. Die Punction wurde zu diesem Zwecke auch von jeher angewandt; aber wenn auch dadurch vorübergehende Erleichterung geschafft wird, das Leiden selbst wird, einzelne sehr seltene Fälle ausgenommen, nicht gehoben. Die Cystenwandungen bestehen und functioniren fort, der Cysteninhalt regenerirt sich wieder und mit ihm die Beschwerden; ja die Erfahrung lehrt, dass die Punction die Cystenwandungen nur zu stärkerer Absonderung bringt, dass die Wiederanfüllung der Cyste nach jeder Punction rascher erfolgt als nach der unmittelbar vorhergehenden, dass demnach die Operation immer häufiger wiederholt werden muss. Bedenkt man nun, welche enorme Flüssigkeitsmenge, gesättigt mit den bessten Säften des Körpers, bei jeder Punction entleert wird, so ist a priori anzunehmen, dass die Kranken durch diese immer steigende Absonderung herunterkommen müssen, dass ihr Körper die Operation auf die Dauer nicht wird ertragen können. Dies bestätigt auch die Erfahrung. Fock fand, dass von 132 Punctirten 71 das 1te Jahr nach der Punction nicht überlebten, dass nach dem 3ten Jahre von sämmtlichen 132 nur noch 29 am Leben waren. Doch abgesehen davon, dass die Punction nicht radical heilt, dass sie zudem, einmal begonnen, meist bald von dem Tode gefolgt ist, fragt es sich auch noch, ob die Operation an sich keine Gefahr mit sich bringt. Von obigen 132 Punctirten starben 25, also etwa 19 %, wenige Stunden oder Tage nach der Operation theils an innerer Verblutung — man hatte bei der Punction ein grösseres Gefäss verletzt — theils an Entzündung der Cyste, theils an Peritonitis. Darnach hat die Punction der Eierstockcysten nicht bloss kein günstiges Endresultat, sie lässt auch für die nächste Zukunft nach der Operation fürchten. — Man sollte sie desshalb auch nur da anwenden, wo eine momentane Erleichterung absolut nothwendig ist, man aber von einer radicaleren Behandlungsweise noch weniger zu hoffen hat als von der Punction, oder da, wo man derselben sofort die Exstirpation folgen lassen kann, die Punction also nur als diagnostisches Hülfsmittel diente. Für den ersteren

Fall ist zu erwähnen, dass die Punction der Cyste von der Vagina aus vielleicht weniger gefährlich ist und einen besseren Erfolg verspricht als die von den Bauchdecken aus, daher der letzteren vorzuziehen sein dürfte, sobald man die Fluctuation der Cyste von der Vagina aus deutlich fühlen kann.

Da man erkannte, dass trotz den Gefahren die einfache Punction in der Regel weder Stillstand noch Heilung des Leidens bewirke, ja dass die Cystenwandungen nach derselben in ihrer Secretionsthätigkeit nur um so eifriger wurden, so versuchte man, nach der theilweisen oder totalen Entleerung der Cyste durch die Punction, die secernirende Fläche durch Einspritzung reizender Flüssigkeiten zu zerstören. So wurden von Frankreich aus besonders die Jodinjectionen vorgeschlagen und, wenn man den betreffenden Berichten glauben dürfte, mit einem Erfolge angewandt. der Nichts zu wünschen übrig liess. Mehr als die Hälfte der so Operirten heilten radical; Todesfälle kamen in Folge der Operation selbst gar keine vor; starb ein Individuum, so hatte es den Tod selbst verschuldet durch unpassendes Verhalten während der Cur, oder der Arzt war die Ursache desselben durch unzweckmässige Anwendung des Mittels.

Kiwisch war mit dem Resultate der Jodinjectionen nicht so sehr zufrieden; er fand es sehr ungünstig; die Reaction nach der Jodinjection sei nie in die Macht des Arztes gegeben, selbst nach der einfachen Punction sei sie gewöhnlich nur zu heftig. Langenbeck und Scanzoni sind derselben Ansicht. — Die einzige grössere Statistik über diese Operationsweise ist die, welche Velpeau vor einigen Jahren veröffentlichte. Sie umfasst 130 Fälle; davon sollen 64 radical geheilt sein, 30 starben und bei 36 versagte das Mittel seine Wirkung. Wenn wir nun auch annehmen wollten, dass diese Statistik sämmtliche glücklich wie unglücklich verlaufenen Fälle enthalte, dass jene 64 wirklich alle radical heilten, was selbst Simpson, sonst ein bedeutender Vertheidiger der Jodinjection, stark bezweifelt, so wird man uns doch gestatten müssen, dass wir obige 36 Fälle, in denen die Jodinjection die Recidive nicht verhinderte, zu den ungünstigen Resultaten dieser Behandlungsweise zählen. Dann aber haben wir auf

64 Radicalheilungen 66 schlimme Ausgänge, darunter 30 Todesfälle; oder 49,3 % günstige und 50,7 % ungünstige Fälle. Nun muss aber noch berücksichtigt werden, dass bei der Jodinjection nur diejenigen Eierstockgeschwülste in Betracht kommen, die auch bei der Exstirpation erfahrungsgemäss das beste Resultat liefern, die einfachen Cysten, dass bei sämmtlichen anderweitigen Entartungen des Eierstocks von der Injection nicht die Rede sein kann. Boinet will sie zwar auch bei dem Cystoid sowie bei Complicationen des Hydrops ovarii mit solideren Geschwülsten angewandt wissen; hier sind sie aber doch zum mindesten nutzlos (Fock); denn bringt man wirklich die eine grössere Cyste zur Obliteration, so hat man doch kein Mittel in Händen, die weitere Entwicklung der übrigen zu hindern. Zudem hat bei obiger Complication die Jodinjection fast immer einen schlimmen Ausgang genommen. Dasselbe gilt von jedem andern Injectionsmittel.

Wenn wir also auch bei einkammerigen Cysten die Jodinjection versuchen wollen, so bleiben doch zum mindesten 36 von 113 der Versuche erfolglos. Simpson meint, dass, wenn Velpeau etwas länger hätte zuwarten wollen, er noch manche seiner radical Geheilten zu den Recidiven hätte schreiben können, indem er aus eigener Erfahrung fand, dass nur ein Drittel sämmtlicher Operirten radical heile, also von jenen 130 nur 44, während 56 recidivirten. — Was soll nun mit diesen 30—50 Kranken geschehen? sollen sie ohne Weiteres ihrem traurigen Schicksal überlassen bleiben, das sie dem Tode bald in die Arme führen will? soll dasselbe mit der bei weitem häufigsten Degeneration, dem Cystoid, und mit allen festeren Geschwülsten geschehen, bei denen allen weder einfache Punction noch Jodinjection irgend welchen Nutzen bringen kann? Oder haben wir noch Mittel, deren Anwendung hier gerechtfertigt wäre, die wenigstens einem Theile der Leidenden noch Linderung in ihrem Elend, ja Heilung verschaffen könnten? Während die Deutschen nach ihren bisherigen Erfahrungen kein weiteres Mittel mehr für berechtigt ansehen wollen, glauben die Engländer und Amerikaner schon seit Jahren ein solches erprobt zu haben, indem sie den degenerirten Eierstock exstirpiren.

Die Haupteinwände, die man gegen die Ovariotomie gemacht hat, sind:
1) Die Schwierigkeit einer genauen Diagnose. Es unterliegt keinem Zweifel, dass es schwierig, ja zuweilen unmöglich ist, die Natur, den Sitz und Zusammenhang von Geschwülsten näher zu bestimmen, die in der Bauchhöhle gelagert sind. Auch darf nicht geläugnet werden, dass man schon die Bauchhöhle eröffnete, um einen Ovarialtumor zu entfernen, aber überhaupt keinen Tumor vorfand, dass man öfters schon die Bauchwunde wieder schliessen musste, ohne die Exstirpation vollendet zu haben oder dass sich manchmal der exstirpirte Tumor als eine Extraovarialgeschwulst herausstellte. Wir können vorerst auch nicht hoffen, die Diagnose der Bauchgeschwülste zu einer absoluten Vollkommenheit zu bringen; doch muss man anerkennen, dass die diagnostischen Hülfsmittel sich in der letzten Zeit so vermehrten und so sehr verbesserten, dass manche der früheren Irrthümer bei einem geübten Diagnostiker jetzt nicht mehr vorkommen werden. Wir erinnern an die wesentlichen Vortheile, die uns die Auscultation und Percussion oder die Uterussonde zur Sicherstellung der Diagnose bieten. Sollen wir aber die Hände bis zu der Zeit ruhig in den Schooss legen, in der die Diagnose wird für jeden Fall absolut sicher gestellt werden können, weil wir uns jetzt noch zuweilen irren? Wenn Unsicherheit der Diagnose der Ovariotomie absolut in den Weg gestellt werden soll, dann müssen wir auch von jeder anderen bedeutenden Operation abstehen, weil auch hier dasselbe vorkommen kann. Welcher Chirurg wird nicht zugestehen müssen, dass er zuweilen einen Kranken grossen Gefahren wegen eines Uebels aussetzte, das schliesslich gar nicht vorhanden war? Wer verwirft den Steinschnitt, sagt Simpson, weil zuweilen kein Stein gefunden wurde?

Ein anderer Einwurf, der bei uns Deutschen mehr noch in die Wagschale fallen dürfte als der erstere ist der 2) der Gefahr der Operation und deren schlimme Resultate. Man fürchtet Nachblutungen und Peritonitis, Momente, die allerdings seiner Zeit nur zu oft den lethalen Ausgang herbeiführten. Aber gerade diese Befürchtungen zu mindern, war in der letzten Zeit das Streben der Engländer und Amerikaner, und ich glaube, die letzten Statistiken, jeder Band der neuesten englischen und amerikanischen Zeitschriften beweist, dass Vieles hierin besser geworden ist. Wodurch, werden wir später noch auseinanderzusetzen haben. Nachblutung und Entzündung in der Umgebung der Verletzungen in jedem Falle zu vermeiden, wird uns hier übrigens ebensowenig gelingen als bei jedem andern bedeutenden chirurgischen Eingriff. — Die schlimmen Resultate betreffend, so stehen diese eben immer im Verhältniss zu der Grösse des Leidens, das entfernt werden soll. Warum verbannt man nicht auch andere Operationen aus der Chirurgie, die eben so schlimme, ja noch schlimmere Resultate aufzuweisen haben? Warum amputirt man den Oberschenkel, macht man die Herniotomie? Weil man dadurch dem Kranken das Leben zu erhalten hofft, für das er sonst nach menschlichem Erachten verloren wäre. Gelingt die Operation nicht, nun so denkt jeder, er habe wenigstens seine Schuldigkeit thun müssen. Ist der Zweck der Ovariotomie ein anderer? Er wäre es allerdings, wenn man jeden beliebigen Ovarialtumor aus der Bauchhöhle entfernen wollte, gleichviel ob er besondere Beschwerden verursacht oder nicht. Aber man unternimmt sie nur, wenn man die Ueberzeugung gewonnen hat, dass kein anderes Mittel den Fortschritt des Leidens aufzuhalten oder dasselbe zu heben im Stande ist, dass aber, wenn es nicht aufgehalten werde, die Kranke dadurch bald dem sicheren Tode in die Hände falle. Die Resultate sind zudem nicht der Art, dass irgend Jemand behaupten könnte, die Ovariotomie sei absolut lethal. Es gingen von Anfang an durchschnittlich nicht mehr als 50—60 % zu Grunde und heute sind die Engländer soweit gekommen, dass sie nur noch einen Verlust von 30 % haben. Sollten wir uns einen Vorwurf daraus machen, wenn 30—40 durch unseren Eingriff einige Wochen oder Monate früher als ohne denselben sterben, während wir dadurch etlichen 60 das Leben wieder geben? Wir Deutsche hatten allerdings auffallend ungünstige Resultate, aber statt dass wir uns durch die günstigeren der Engländer und Amerikaner hätten anspornen lassen, nach den Gründen dafür zu suchen und das Gefundene bei uns selbst zu verwerthen, wiesen wir einfach die Operation als zu gefährlich zurück. Könnten wir alle die

Todesfälle aus Simon's Tabelle ausschliessen (s. S. 38), die durch falsche Diagnose verschuldet waren, oder durch die Fehler einzelner Operateure während der Operation, die keine Erfahrung in diesem Gebiete hatten, oder die durch Missgriffe in der Nachbehandlung entstanden, die Fälle endlich, bei denen die Operation bei gleichzeitig bestehendem anderweitigem unheilbarem Uebel gemacht wurde, wo also die Operation voraussichtlich den Tod nur beschleunigen konnte, so würden sich auch in Simon's Tabelle die Resultate besser stellen. Die Erfolge eines Clay, Wells, Atlee u. A. m. sprechen doch mehr als Alles dafür, dass die Ovariotomie, von geschickter und erfahrener Hand ausgeführt, heilbringend sein kann. Die Erfolge dieser Männer können wir nicht bloss Glückssache nennen oder dem Himmelsstrich zuschreiben, in dem sie wohnen.

Was Erfahrung, was Uebung in der Diagnose, was Besserung des Operationsverfahrens bewirkt, geht am besten aus Clay's Angaben hervor. Er hatte unter

den 1ten 20 Ovariotomieen 1 Todte auf $2^{1}/_{2}$ Operirte,
„ 2ten 20 „ 1 „ „ $3^{1}/_{3}$ „
„ 3ten 31 „ 1 „ „ $3^{3}/_{4}$ „

Atlee fand unter den ersten 101 Ovariotomieen, die er zusammenstellte 1 Todte auf $2^{2}/_{3}$ Operirte, während er unter den letzten 78 eine auf $3^{5}/_{7}$ fand. — Danach ist mit Recht zu hoffen, dass bei fortdauernden Verbesserungen in dem Operationsverfahren, bei sorgsamerer Auswahl der geeigneten Fälle die Sterblichkeit bei der Ovariotomie auch in Zukunft noch mehr sinken werde. Gefährlich wird die Ovariotomie zwar immer noch bleiben, aber wenn wir sie desswegen verwerfen wollen, dann hört schliesslich alle Chirurgie auf, denn man nenne mir irgend eine grössere Operation, welche frei von Gefahren ist.

3) Nicht wenige sind es, die der Ovariotomie vorwerfen, **dass die Gefahren der Operation nicht im Verhältniss stünden mit der Grösse des durch sie zu entfernenden Leidens.** Die Eierstocksgeschwülste entwickelten sich langsam und gefährdeten lange nicht immer das Leben; und wenn dies doch geschähe, so gäbe es gelindere Mittel, die ebensogut zum Ziele führten. — Dass Eier-

stockgeschwülste zuweilen Jahre lang getragen werden können, ohne besondere Störungen zu machen, haben wir schon bemerkt; wir haben aber auch öfters schon betont, dass die Ovariotomie nur unternommen werden sollte, wenn durch die Geschwulst Lebensgefahr droht und jedes gelindere Mittel sich fruchtlos zeigte. Dass ferner die Eierstocksgeschwülste so wenig gefährlich sein sollen, wie man zuweilen annehmen zu dürfen glaubt, ist längst durch die Erfahrung widerlegt. Die meisten Geschwulstarten nehmen stetig zu, bis sie die Gesundheit und das Leben der Kranken zerstört haben. Wenn aber dem so ist, so fragt es sich eben, wie weit wir den Kranken noch Gefahren unterwerfen dürfen, der durch gefahrlose Mittel nicht mehr gerettet werden kann, der zudem an einer Krankheit leidet, die für ihn die Quelle unsäglicher Leiden und sicher die Ursache seines baldigen Todes ist. Jede Analogie, nach der wir suchen, lehrt uns, dass wir in solchem Falle bei Zustimmung des Kranken zu einer Operation berechtigt sind, die das Leben erfahrungsgemäss noch retten kann, selbst auf die Gefahr hin, es durch dieselbe abgekürzt zu sehen. Steht der Kranke am Rand des Grabes, so kann kein Mittel zu gefährlich sein, das wir wagen, um ihn dem Tode zu entreissen, wenn wir nur wissen, dass es schon öfters seine Wirkung gethan hat.

4) Aber ist, die Berechtigung der Operation zugestanden, die Operirte auch, nachdem sie sich der grössten Lebensgefahr, unsäglichen Leiden und Unannehmlichkeiten ausgesetzt hat, gegen Recidive gesichert? Die meisten Resectionen des Ober- und Unterkiefers, die meisten Exstirpationen der Brust werden wegen bösartigen Geschwülsten unternommen, von denen wir beinahe sicher wissen, dass sie bald in loco oder anderwärts wieder auftreten werden. Und doch operirt man ohne Bedenken! Sollte nun die Furcht vor Recidive da vor der Operation zurückschrecken, wo sie am seltensten auftritt? Die bei weitem häufigste Entartung des Eierstocks, das Cystoid, beschränkt seine Ausbreitung bloss auf das Ovarium; haben wir dieses entfernt, so ist der Boden seines Wachsthums zerstört. Ebenso ist es bei dem einfachen Hydrops ovarii und dem Colloid. Recidive ist nur von den sehr seltenen carcinomatösen Entartungen zu fürchten, die noch

seltener zur Exstirpation kommen werden. Denn hier halten wir die Exstirpation immer für contraindicirt, aus Gründen, die wir später noch anführen werden. Der einzige Fall, in dem Recidive zu befürchten wäre, ist der, wenn der 2te Eierstock, der sich bei der Operation noch normal zeigte, nach derselben auch degenerirte. Dies ist aber sehr selten und kann die Ovariotomie im Allgemeinen nicht contraindiciren, so lange wir nicht alle andern Operationen bei Seite lassen, bei denen Recidive weit mehr zu fürchten ist.

5) Kleinlich ist der Einwurf der **Schwierigkeit der Operation**. Abgesehen davon, dass die Operation in der That nicht so schwierig ist, — sie verlangt nur Geistesgegenwart, Ruhe und Ueberlegung — so frage ich, welcher Arzt es mit seinem Gewissen vereinigen kann, eine Kranke zu opfern, weil die Schwierigkeiten, sie zu retten, sehr gross sind.

6) **Aber die Krankheit kann spontan heilen!** Dies würde allerdings in seltenen Fällen bei Ovarialcysten geschehen; die Cyste platzte, entleerte ihren Inhalt in die Bauchhöhle; während jene schrumpfte, wurde dieser resorbirt. Man hat auf diesen Selbstheilungsprocess hin sogar ein eignes Operationsverfahren zu gründen versucht: die Cyste subcutan zu eröffnen und ihren Inhalt sich in die Bauchhöhle entleeren zu lassen. Aber die Erfolge der darüber angestellten Versuche waren der Art, dass sie durchaus nicht zur Nachahmung einladen konnten. Die Kranken gingen fast sämmtlich zu Grunde, wie es denn auch bei den meisten jener Fälle geht, in denen die Cyste spontan platzt. Es kam auch schon vor, dass die Cyste mit der vorderen Bauchwand verwuchs und an einer Stelle sich durch Entzündung und Vereiterung eine Verbindung des Cystenhohlraumes mit der Köperoberfläche ausbildete; der Inhalt der Cyste entleerte sich, diese schrumpfte zusammen und verschwand. Auch diesen Vorgang der Natur ahmte man nach, aber mit keinem besseren Erfolg als den ersteren. Wenn nun auch in sehr seltenen Fällen eine Selbstheilung bei einfachen Cysten möglich ist, sollen wir desshalb sämmtliche Eierstockentartungen und damit ihre Trägerinnen sich selbst überlassen? sollen wir wegen jener seltenen Selbstheilungen alle Anderen zu Grunde gehen lassen?

Alle angeführten Einwände zusammen sind nicht triftig

genug, um die Ovariotomie ihretwegen zu verwerfen. Wenn die Operation auch noch so gewaltig erscheint und auch nur zu oft einen tödtlichen Ausgang hatte, so sind wir doch nicht berechtigt, sie aus dem Bereiche der Chirurgie zu verweisen, so lange wir nicht anderen ebenso gefährlichen Operationen dasselbe thun oder so lange wir nicht andere Heilverfahren haben, die dasselbe wie die Ovariotomie leisten, ohne dieselben Gefahren mit sich zu bringen.

Wir gehen zu den **Indicationen und Contraindicationen der Ovariotomie** über und beginnen mit den letzteren.

Die Ovariotomie ist contraindicirt bei jedem Leiden der Lungen, des Herzens, der Nieren oder anderer für die Existenz wesentlicher Organe, sobald dieses an sich schon voraussichtlich dem Leben ein baldiges Ziel setzt. Was ist auch bei einer ausgebreiteten Lungentuberculose oder bei bedeutenden Herzfehlern von einem so starken Eingriff, wie die Ovariotomie ist, Anderes zu erwarten als dass er jene Leiden noch unterstützen wird in ihrem Streben, den Körper zu zerstören. — Jeder **begründete Argwohn ferner, dass das Ovarialleiden krebshafter Natur sei,** contraindicirt ebenfalls die Exstirpation. Haben wir es mit einem Carcinoma ovarii von der Grösse zu thun, dass von dessen Exstirpation die Rede sein könnte, so wissen wir zum Voraus, dass sich die Entartung nicht mehr auf den Eierstock allein beschränken wird, sondern vermittelst des Stieles auf die angrenzenden Theile übergreift; die Mutterbänder entarten und der Uterus schliesst sich demselben Processe an. Die Geschwulst hat dadurch eine sehr breite Basis erhalten, die zu lösen die grössten Gefahren für die nächste Zukunft der Kranken mit sich bringt; wir müssten eine ausgebreitete Wundfläche in der Bauchhöhle zurücklassen, die durch Blutung oder ausgebreitete Entzündung und Eiterung den Tod fast sicher herbeiführte. Ein grösseres Carcinom wird zudem auch Verwachsungen mit seiner Umgebung. dem Peritoneum oder den Unterleibs- und Beckenorganen eingehen. Wenn nun auch leichtere Adhaesionen nach den neuesten Erfahrungen der Engländer nicht besonders zu fürchten sind, ausgebreitete und innigere contraindiciren im Allgemeinen die Ovariotomie. Dazu kommt noch, dass ein Carcinoma ovarii von beträchtlichem Umfang durchschnittlich nicht mehr rein locales Leiden ist, sondern schon Allgemeinleiden. Entfernen wir in solchem Falle auch die Geschwulst, die Wurzel des Uebels bleibt im Körper und vernichtet ihn doch in nicht zu langer Zeit; es wäre hier die Exstirpation nicht einmal radicales Heilmittel. — Die Exstirpation bösartiger Ovarialgeschwülste hat den Statistiken manchen Todesfall zugeführt. Es muss zwar zugestanden werden, dass man sich vor der Operation in der Diagnose über die Beschaffenheit der Geschwulst irren kann, aber wenn man durch einen 2—3" langen Schnitt die Bauchhöhle eröffnet hat, so wird Auge und Hand die Diagnose berichtigen können. Findet man Carcinom oder überhaupt ausgebreitete, feste Verwachsungen, so schliesse man die Bauchwunde wieder, ohne die Geschwulst weiter berührt zu haben; es ist besser, so zu thun, als durch gewaltsames Vorgehen die kurze Spanne Zeit, die der Kranken noch zugemessen ist, noch mehr zu kürzen. — Die Ovariotomie ist auch contraindicirt, so lange wir begründete Hoffnung haben, das Leiden durch gelindere, weniger eingreifende Mittel zum Stillstand, ja vielleicht zur Heilung zu bringen. Diese Contraindication kommt eigentlich nur bei einfachen Cysten oder bei Cystoiden in Betracht mit bedeutender Praeponderanz einer einzelnen Cyste. Hier müsste zunächst versucht werden, ob die einfache Punction oder die mit Jodinjection nicht das gewünschte Ziel erreichen. Gelingt dies nicht — und man stelle die Versuche nicht zu lange an — so fällt diese 3te Contraindication weg. — Bei Gelegenheit des Carcinoma ovarii sprachen wir ferner schon davon, dass ausgebreitete und feste Adhaesionen der Geschwulst die Exstirpation ebenfalls nicht zulassen. — So ist es auch, wenn aus irgend welcher Ursache das Allgemeinbefinden so sehr gesunken ist, dass keine Wahrscheinlichkeit mehr besteht, dass die Kranke den Eingriff überlebe. —: Verschoben muss die Operation werden bei allen acuten Erkrankungen sowie während der Menstruation. Im Allgemeinen hüte man sich vor jedem chirurgischen Eingriff, so lange der Ovarialtumor, zu einer gewissen Grösse gelangt, stationär bleibt oder nur sehr langsam vorwärts schreitet. Unter solchen Verhältnissen kann die Gesundheit der Kranken trotz der Geschwulst Jahre lang ungetrübt sein.

Indicirt ist die Ovariotomie, wenn bei einfachen Cysten, dem Cystoid und den gutartigen festeren Geschwülsten gelindere chirurgische Eingriffe das Fortschreiten des Uebels nicht aufzuhalten im Stande sind oder überhaupt nicht anwendbar waren, durch das Fortschreiten desselben aber die Auflösung der Kranken in nicht zu langer Zeit zu erwarten steht, der Tumor dabei, soweit wir es erkennen können, frei von Adhaesionen und die Constitution der Kranken noch der Art ist, dass zu hoffen steht, sie werde die Operation glücklich durchmachen. Da sollte, wie Gross sagt, ein gewissenhafter Chirurg ohne Bedenken zur Ovariotomie schreiten. Ist der Erfolg ungünstig, so wurde das Leben nur um weniges abgekürzt, ist er günstig, so erntet er den schönsten Triumph.

Ist die Indication zur Ovariotomie gestellt, so fragt es sich, ob wir die Operation der Kranken anrathen, empfehlen sollen, ob wir ihr zu einem Eingriff zusprechen sollen, der schon so Vielen das Leben abgekürzt hat. Simpson glaubt, dass hier, wie bei allen grösseren und gefährlicheren Operationen, die wegen chronischer Leiden unternommen werden, die Kranke selbst oder ihre nächsten Angehörigen mehr als der Arzt zu bestimmen haben, ob der Chirurg eingreifen solle oder nicht. Der Arzt hat der Kranken ihre Lage und ihre Aussichten auf schonende Weise darzulegen, ihr anzudeuten, dass er die einzige Hoffnung noch auf die Ovariotomie setze und dass er sie vorzunehmen bereit sei, wenn die Kranke beistimme. Er hat den Angehörigen dasselbe zu sagen, ihnen aber noch zu bemerken, dass die Operation nicht ohne Lebensgefahr sei, ja dass es ihm auch begegnen könne, dass er mitten in derselben unverrichteter Sache von ihr abstehen müsse. Gewöhnlich braucht man nicht lange auf die Zustimmung der Kranken zu warten; öfters begegnet es, dass man Mühe hat, sie zu überzeugen, dass die Operation noch verfrüht sei.

Die Prognose der Ovariotomie richtet sich vor Allem nach dem allgemeinen Befinden der Kranken. Wenn man auch gefunden haben will, dass der geeignetste Zeitpunkt zur Operation dann gekommen sei, wann die Körperkräfte durch das Eierstockleiden zu sinken beginnen, so ist doch auch sicher, dass ein sehr herabgekommener Zustand des Körpers der Prognose nicht günstig ist. Am günstigsten sind die Resultate in den Jahren von 30—40; vor und nach dieser Zeit steigt der Procentgehalt der Todesfälle zusehends. Ueber 45 Jahren fand Humphry [1]) 9 Todesfälle auf 13 Operirte. Auch die Beschaffenheit der Geschwulst ist von bedeutendem Einfluss auf den Erfolg. Bei der einfachen Cyste kamen nach Humphry 16 Heilungen auf 6 tödtliche Ausgänge, bei dem Cystoid 13 auf 9 und bei den solideren gutartigen Geschwülsten 7 auf 10.

Man kann demnach sagen, je dichter der Tumor, um so schlimmer ist im Allgemeinen die Prognose. Bedenken wir dabei, dass die festeren Tumoren gerne Adhaesionen eingehen, oft mit Ascites verbunden sind, dass bei ihnen die Differentialdiagnose, auf die zur Stellung der Indication so viel ankömmt, sehr schwierig ist, so werden wir um so vorsichtiger mit der letzteren werden, je dichter der Tumor erscheint. Bedeutende Adhaesionen, die getrennt werden müssen, verschlimmern die Prognose sehr. Von 23 Operirten, bei denen man mit ausgebreiteten Verwachsungen zu thun hatte, starben mehr als 4/5 [2]). Clay wies nach, dass von 100 Operirten ohne alle Adhaerenzen 68,6 % heilten, von 100 mit leichten 59,5 % und von 100 mit ausgedehnten nur 50.5 %. Wenn Humphry die Resultate der Exstirpation solider Tumoren ausschliesst, sowie diejenigen, in denen die Operirten über 45 Jahre alt waren, so stellt sich ihm das Verhältniss der günstigen Fälle zu den ungünstigen wie 2 zu 1. — Je geübter ferner der Operateur, je erfahrener er in der Diagnose und Behandlung der Ovarialtumoren ist, desto günstiger werden die Resultate werden. Die ungünstigste Zusammenstellung von Ovariotomieen ist die von Simon über sämmtliche hieher gehörige Operationen aus Deutschland. Darin kommen aber auch auf 64 Operirte 30 Operateurs, also auf einen der letzteren durchschnittlich noch nicht 2 Ovariotomieen. Die günstigsten Statistiken sind die der Engländer und Amerikaner; da finden

---

1) Americ. Journ. of. med. scienc. B. XXXI.
2) North. amer. med.-chir. Review 1860. Report on cases of Ov.

wir aber einen Clay mit 105 Operationen, einen Bird mit 32, Atlee mit 30, Brown mit 20, Wells mit 18 etc.; und gerade die eben erwähnten Männer haben wieder die besten Erfolge unter ihren Landsleuten. Das Spital ist der Operation nicht so günstig als eine gute Privatpraxis. Wells hatte in dem Samaritan free Hosp. 35,7 % Todesfälle, in der Privatpraxis nur 30 %. Jenes Sam. free Hosp. ist aber ein kleines mit allem möglichen Comfort ausgestattetes Spital, in dem die musterhafteste Reinlichkeit herrscht; es enthält nur 20 Betten, die genau zu übersehen ein Leichtes ist. Die Resultate in den grösseren Spitälern sind viel schlimmer.

Haben wir uns nach bestem Wissen und Gewissen für die Ovariotomie entschieden und dazu die volle Zustimmung der Kranken erlangt, so kömmt bei der Ausführung der Operation viel darauf an, dass wir die nächsten Vorbereitungen so treffen, die Operation selbst so leiten und in der Nachbehandlung so verfahren, dass wir uns, sollte der Erfolg unseren Erwartungen nicht entsprechen, keine Vorwürfe zu machen haben. Weder der Himmelsstrich, noch die Atmosphäre noch sonst eine unangreifbare Ursache möchten den Erfolg der Operation sehr wesentlich modificiren; man rede mir auch nicht von Glück und Zufall. Wenn diese Momente auch nicht ganz ausser Betracht gelassen werden dürften, die gewöhnliche Ursache des Missglückens liegt doch wohl viel näher und kann sich, wenn die Indication richtig gestellt war, nur in den äusseren Verhältnissen der Kranken, in der Art der Ausführung der Operation und in der Leitung der Nachbehandlung finden.

Wie schon früher erwähnt, sind wir weder der Ansicht derer, die nur im letzten Augenblick operiren wollen, noch derer, die glauben, man müsse so früh als möglich handeln. Wells fand in seiner eigenen Praxis, dass er in den Fällen am meisten Erfolg hatte, in denen das Allgemeinbefinden durch das Eierstockleiden schon gelitten hatte oder das Peritonaeum durch den Druck und die Ausdehnung der Geschwulst schon alterirt war. In allen Fällen, die ihm bis zum Jahre 1859 glückten, war die Krankheit schon weit vorgeschritten, während die ersten Kranken, die er verlor, in ihrem Allgemeinbefinden durch die relativ noch kleine Geschwulst fast gar nicht gelitten hatten. Auch Erichson ist gegen die zu frühzeitige Operation. Er empfiehlt die palliative Behandlung so lange, bis die Geschwulst das Allgemeinbefinden wesentlich zu stören anfange oder die Existenz gefährde. Beginne der Tumor einen Druck auf die Unterleibsorgane auszuüben, magere die Kranke ab, werde durch den Umfang des Leibes ihr das Leben verbittert, das Athmen erschwert, trete Erbrechen, Störung der Verdauung auf, dann sei die Zeit zum Handeln gekommen. Auf der andern Seite hält Wells Nichts für unkluger als in Extremis zu operiren, wo keine Hoffnung mehr bestehen könne, dass die Kranke den Eingriff überlebe. Es komme hier übrigens der Arzt zuweilen in peinliche Situationen. „Wenn so ein armes, unglückliches Weib jammert und klagt, sie habe eine Krankheit, die sie tödten müsse, sie könne die Leiden nicht länger ertragen; wenn sie sagt, sie sei sich der Gefahren bewusst, die ihr bei der Operation bevorstünden, aber sie wolle sterben oder geheilt zu Mann und Kind zurückkehren, da," sagt Wells, „beneide ich den nicht um seine Gefühle, der, wenn er auch weiss, dass der Fall hoffnungslos ist, sich aus Rücksichten auf seine Erfahrungen und seinen Namen verleiten lässt, die Bitten der Sterbenden zurückzuweisen."

Als Operationszimmer wählt man am besten dasjenige, in welches die Kranke nachher zu liegen kommen soll. Es sei geräumig, leicht zu lüften. Wesentlich ist besonders im Winter eine gleichmässig hohe Zimmertemperatur während und in der nächsten Zeit nach der Operation; es ist darum ein Porzellanofen sehr wünschenswerth. Anderweitige Kranke sollten nicht in demselben Zimmer liegen, besonders aber sind übel aussehende, eiternde Wunden, Pyaemische und Puerperale von der Operirten ferne zu halten. Ueberhaupt ist es nicht rathsam, in einem Hause zu operiren, in dem die Luft durch derartige Kranke oder durch die Ausdünstung zersetzter organischer Stoffe verpestet sein könnte. Das Zimmer sei durchaus gereinigt, ebenso das Bett der Kranken; das letztere sei flach und stehe an einer dem Lichte leicht zugänglichen Stelle. Eine erfahrene Wärterin sei zur Hand, die ständig in der ersten Zeit bei der Operirten zu bleiben hat und keine andere Kranke nebenbei besorgen sollte.

Man war viel besorgt um die Temperatur des Zimmers während der Operation, da man zu starke Abkühlung der blossgelegten Gedärme fürchtete. Ich fand bei Wells nie eine Temperatur, die den Operateur oder die Zuschauer irgend behelligt hätte. Damit die Luft nicht zu trocken werde, stehe ständig ein Wassergefäss auf dem Ofen. Weit mehr Werth als auf die Temperatur legt Wells darauf, dass von der zur Resorption so leicht geneigten Unterleibshöhle während der Operation Alles entfernt gehalten werde, was irgend putride Infection bewirken könnte. Der Operateur und die Assistenten, die vorher vielleicht übelaussehende Wunden verbunden oder aus sonst irgend einem Grunde an ihren Händen einen inficirenden Stoff haben könnten, sollen ihre Hände sorgfältigst reinigen. Solche, die vorher in anatomischen Theatern oder bei Sectionen zu thun hatten, sollten überhaupt nicht zur Operation zugelassen werden. Es ist die Ovariotomie keine Operation für chirurgische Theater, meint Wells. Es sollten nur so viele ausser dem Operateur zugegen sein, als zur Assistenz nöthig sind, damit der Operateur nicht aufgehalten und der Kranken die Luft nicht abgeschnitten werde. Alles, was bei der Operation nöthig wird: Instrumente, Schwämme, Tücher, Geschirre etc. müssen so reinlich als möglich gehalten sein.

Wir haben zwar keine Statistiken darüber, ob die Resultate bei Anwendung des Chloroform besser sind als ohne dasselbe, doch glaubt Wells, dass die Sterblichkeit durch den Gebrauch der Anaesthetica vermindert werde. Die Uebelkeit und das Erbrechen, das zuweilen der Anwendung des Chloroform folgt, ist allerdings eine sehr unangenehme Sache und die durch sie bedingte Depression zuweilen zu gross. Aber im Allgemeinen wird dies doch bei Weitem dadurch aufgewogen, dass die Kranke sich nicht in jener angstvollen Fassung der Operation unterzieht, die der Gedanke an die grossen zu erstehenden Schmerzen mit sich bringt; dass man während der Operation den gewaltigen Stoss vermeidet, den der Schmerz, das Bewusstsein, dass die Bauchhöhle eröffnet sei, die Manipulationen des Operateurs und seiner Assistenten verursachen könnten. Es ist desswegen wohl auch die Bemerkung nicht unnütz, dass die Engländer die Kranke während der ganzen

Operation in vollständiger Narkose erhalten. Chloroform ist also vorräthig zu halten, ebenso **belebende Mittel**; eine gehörige Zahl nicht zu grosser, weicher gutausgebrühter **Schwämme**; warmes und kaltes **Wasser**; zarte **Flanellstücke**, die mit warmem Wasser durchtränkt zum Zudecken etwa blossliegender Darmstücke dienen sollen; **Watte**; **Heftpflaster** in grossen 2 — 3" breiten Streifen. Dazu kommen noch alle nöthigen Instrumente zum Schneiden, Punctiren, Unterbinden und Vereinigen der Wunde; mehrere gute **Scalpelle, Hohlsonden, Scheeren**, gute **Pincetten, Serresfines, Wundhacken, Musseux'sche Zangen, Nadeln** zum Verschluss der Bauchwunde, **Nadelhalter, Kornzangen,** der **Troikart** und nicht weniger als zwei **Klemmen**; zur Noth auch der **Écrasseur**, wenn der Stiel so umfangreich sein sollte, dass er von der Klemme nicht gefasst werden kann. Die Hohlsonde, die Wells gewöhnlich anwendet, ist von Stahl, etwa 5" lang und 3''' breit und hat eine tiefe, breite Furche, die vorn blind endet; das vordere der Spitze zugekehrte Viertel ist etwas ausgebogen.

Der **Operationstisch** sei schmal und nicht zu hoch; der **Operateur** steht auf der **rechten** Seite der Kranken, die **Gehülfen** ihm gegenüber und am oberen und unteren Ende des Tisches; der eine chloroformirt und überwacht die Narkose, ein 2ter steht dem Operateur gegenüber und dient ihm zunächst zur Assistenz, ein 3ter reicht die Instrumente, ein 4ter sorgt für das Zu- und Abgehen der Schwämme, 2 weitere dafür, dass die Kranke ruhig liegen bleibt. **Die Hände des Operateurs und seines Vis-à-vis, die zunächst einzugreifen haben, dürfen nicht zu kühl sein,** daher warmes Wasser bereit stehen muss, um sie nöthigenfalls zu wärmen. Die Rollen der Assistenten müssen vor der Operation genau ausgetheilt sein, um während derselben Zeit zu sparen und Verwirrung zu verhüten.

Die Kranke soll vor der Operation mehrere warme Bäder erhalten, damit die Hautthätigkeit nach derselben ungestört vor sich gehen kann. Ist das Wetter frisch und kalt, so soll sie ein Flanellleibchen tragen. Dieses, sowie ein reines Hemd müssen vor der Operation schon angelegt sein. — Durch gute Nahrung und Tonica bereitet man die Patientin am besten auf die Operation vor. Simpson dagegen will mehrere Tage lang vor der Exstirpation ein antiphlogistisches Regimen beobachtet wissen, um die Möglichkeit der Entzündung nach derselben zu mindern. Der Darmkanal ist am Tage vor der Operation durch ein leichtes Abführmittel und die letzten Wege desselben am Morgen durch ein einfaches Klysma zu reinigen. (Wells wendet in der letzten Zeit kein Abführmittel mehr an.) Auch die Harnblase muss entleert sein. Da die Kranke chloroformirt wird, so sollte sie mehrere Stunden vorher keine Nahrung mehr zu sich nehmen. Um Uebelkeit und Erbrechen zu verhüten, rathen Viele, 2—3 Stunden vor der Operation Eisstückchen nehmen zu lassen. Wells verwirft dies als unnütz.

Das Bett muss gut durchwärmt sein. 3 Bettflaschen haben bereit zu stehen; die eine wird der Operirten zu Füssen gelegt, die beiden andern je eine zu jeder Seite des Leibes. Ebenso müssen Flanellstücke bei der Hand sein, um Arme und Füsse während der Operation und nach derselben, wenn es nöthig werden sollte, einzuhüllen. Ein Thermometer hänge im Zimmer, um darnach die Zimmertemperatur reguliren zu können. Diese soll nach Brown nie niederer als 66° F. oder 15° R. und nie höher als 70° F. oder 16,9° R. sein. Hat man die Wahl, so nehme man zur Operation einen hellen, heiteren Tag.

Wells stellt den Operationstisch so, dass er mit dem Fenster einen Winkel von etwa 45° bildet. So fällt das Licht gleich gut für den Operateur und die Assistenten ein.

Früher war es Gebrauch, die Kranke wie bei dem Seitensteinschnitt zu lagern, so dass der Operateur zwischen ihre unteren Extremitäten zu stehen kam. Diese Stellung hatte für jenen wie für die Kranke manche Unannehmlichkeiten. Jener steht ungeschickt sowohl zum Operiren als zum Sehen; diese wird durch eine solche Lage sehr ermüdet; sie kann zudem nicht gehörig bedeckt werden. Daher ist die vollkommene Rückenlage vorzuziehen, bei der die Füsse ganz auf dem Operationstisch ruhen. — Ist die Kranke gelagert, so werden Brust, Arme und Füsse gehörig mit Flanell und wollenen Decken bedeckt, um das Kaltwerden dieser Theile zu verhüten, und das Chloroform angewandt

Um zu verhüten, dass die Kranke selbst oder ihre Wäsche und ihr Lager während der Operation durch Blut, ascitische Flüssigkeit oder Cysteninhalt unnöthig beschmutzt werde, wendet Wells 2 grosse Stücke zarten Wachstuches an, die an ihren correspondirenden Seiten einen halbkreisförmigen Ausschnitt haben. Die nächste Umgebung dieser Ausschnitte ist auf der Seite, die dem Leibe zugekehrt wird, mit Heftpflaster bestrichen. In den Kreis, der durch Zusammenlegen der zwei Wachstücher entsteht, passt die Peripherie des Leibes der Kranken. Ist nun der Rand des Kreises an den Leib angeklebt, so fliesst alle Flüssigkeit über diesen und das Wachstuch. Das letztere ist so lange, dass es an den Seiten des Operationstisches herunterreicht und so sämmtliche Wäsche der Kranken an den gefährdeten Stellen deckt. Die Anlegung des Wachstuches ist sehr praktisch. Man vermeidet dadurch, dass man der Kranken gleich nach der Operation die Wäsche wechseln muss, wobei immer Bewegungen derselben gemacht werden, die nicht von Nutzen sein können. Zudem hilft alles Einhüllen der Arme und Füsse Nichts, wenn die Kranke zugleich durchnässt ist.

Nachdem die Kranke gelagert und chloroformirt worden ist, fixirt ein Gehülfe den Tumor so, dass seine stärkste Wölbung in die linea alba zu liegen kommt. Es spannen sich dadurch die Bauchdecken an der Schnittstelle. Der Operateur führt nun einen 2—3″ langen Schnitt in der linea alba zwischen Nabel und Symphyse, so dass die Haut, die subcutane Fettschicht und die Aponeurose schichtenweise bis zu dem Peritonaeum getrennt werden. Die Bauchdecken sind öfters durch die Ausdehnung, die sie während der Krankheit erlitten haben, sehr verdünnt. Man sei desshalb in der Führung der Schnitte nicht zu kühn, um nicht vor der Zeit die Cyste eröffnet zu sehen. Der Schnitt darf nicht bis zum os pubis hingeführt werden, weil man sonst Verletzung der Blase und Ergiessung von Flüssigkeit in das um sie in jener Gegend herumliegende laxe Zellgewebe zu befürchten hätte. Man kann zudem ohne dies den Schnitt lang genug machen. Ehe die Peritonealhöhle eröffnet wird, stille man die Blutung aus der Schnittfläche durch die Ligatur und leite den einen Faden derselben nach Aussen. — Bei Gelegenheit des Berichts einer Ovariotomie von Edwards[1]) drückte Clay sein Erstaunen darüber aus, dass jener genöthigt war, 3 Gefässe zu unterbinden, da er bei 79 Operirten dies nie nöthig gehabt habe. Es folgt schon daraus, dass der Schnitt in der linea alba keine besondere Blutung machen wird. Ist diese gestillt, so fasse man das Peritonaeum in eine kleine Falte und eröffne die Bauchhöhle auf dieser. Durch die Oeffnung wird eine Hohlsonde eingeführt und auf ihr das Peritonaeum zu der Länge der übrigen Wunde gespalten.

Ist diese vorläufige Incision (Explorativincision) gemacht, so zeigt sich sofort die Geschwulst. Sie scheint sich ordentlich in die Wunde hereinzudrängen, indem die Ränder der letzteren sich nach den Seiten zurückziehen. Nun gehe man mit dem Finger oder der erwärmten ganzen Hand in die Bauchhöhle ein, um nach der Insertion zu bestimmen, ob man es wirklich mit einem Ovarialtumor zu thun hat, um ferner zu sehen, ob und was für Verwachsungen der Tumor zeigt und welches seine Beschaffenheit ist. Das Resultat dieser Untersuchung wird bestimmen, ob die Fortsetzung der Operation angezeigt ist. Finden wir einen Irrthum der Diagnose, oder zu bedeutende Adhaerenzen, die Basis zu breit oder den Tumor maligner Natur, so ist es am besten, ohne den Tumor weiter zu berühren, die Wunde wieder zu schliessen. — Die Nothwendigkeit, Adhaerenzen zu trennen, macht öfters eine **Erweiterung des ursprünglichen Schnittes** nöthig. Man erweitere ihn nach oben, immer bemüht, jede Blutung sofort zu stillen. Bei einfachen Cysten wird eine **Incisionslänge** von 4″ meist ausreichen, bei soliden Geschwülsten richtet sich die Länge des Schnittes nach ihrer Grösse. Man kann denselben bis zum Processus ensiformis hinaufführen, indem man den Nabel in einem kleinen Halbkreis nach links umgeht, sich aber sonst immer genau an die linea alba hält. Statt den Schnitt möglichst klein zu machen (Operatio minor), wollte man früher immer die Bauchhöhle sofort vom Processus ensif. bis zur Schamfuge eröffnen (Operat. maj.), indem man behauptete, dass neben der grossen Bequemlichkeit, die dies in jeder Beziehung biete, es zudem nicht gefährlicher sei als

---

[1]) Edinburgh med. Journ. 1856.

die Op. min. Dies lässt sich nun doch nicht recht einsehen. Ist doch im Allgemeinen eine grosse Wunde immer gefährlicher als eine kleine; warum sollten die Bauchwunden eine Ausnahme machen? Wir sind weit entfernt, den grossen Einschnitt ganz zu verwerfen, aber wir möchten ihn nur angewandt sehen, wo er wirklich nothwendig ist. Es lassen sich darüber jedoch keine allgemeine Regeln aufstellen; der Operateur muss sich nach dem jeweiligen Falle richten bei richtiger Beurtheilung dessen, was nöthig sein wird, um ihm die Lösung und Entfernung der krankhaften Masse mit der grössten Leichtigkeit aber auch mit der grössten Schonung der Kranken zu ermöglichen.

Frische oder lose Adhaesionen trenne man mit dem Finger; ältere, feste oder gefässreiche verlangen den Écraseur oder die Unterbindung oder nach Trennung mit dem Scalpell die Torsion. Sind die Adhaesionen zu ausgebreitet oder zu gefässreich, so ist es nicht gerathen, sie anzugreifen. Will man hier nicht gänzlich von der Fortsetzung der Operation abstehen, was bei festen Tumoren entschieden anzurathen ist, so könnte man bei Cysten noch Verschiedenes versuchen, ohne sich davon aber viel versprechen zu dürfen. Wäre die Cyste rings um die Bauchwunde fest mit dem Bauchfell verwachsen, so könnte man sie in der ganzen Länge dieser Wunde spalten, ihren Inhalt entleeren und durch Offenhalten des Einschnittes und sorgsame Reinhaltung der Cyste mit Injectionen sie zur Schrumpfung zu bringen suchen. Man hat so schon Heilung erzielt, meist aber war der Erfolg sehr ungünstig; man lässt einen collosalen Sack in der Bauchhöhle zurück, der sich entzündet, eitert; der Eiter häuft sich in ihm an, ohne gehörig entleert werden zu können; er zersetzt sich, die Jauche wird resorbirt und dies zieht den Tod nach sich; oder die Entzündung der Cyste führt zur diffusen Peritonitis und diese tödtet. Günstiger waren noch die Fälle, in denen man den Sack wenigstens theilweise entfernen konnte und nur einen kleineren Theil in der Bauchhöhle zurückliess; man nähte die Ränder des zurückgelassenen Cystentheiles an die Bauchwunde an und suchte durch Verwachsung der Wände Heilung zu erzielen. Hier war der zurückgelassene Eitersack wenigstens nicht so gross, seine Reinhaltung leichter möglich.

Findet man innigere Verwachsungen der Cyste mit irgend einem Eingeweide, so möchte es besser sein, wenn man trotzdem den Tumor exstirpiren will, den adhaerirenden Theil der Cyste auf dem betr. Eingeweide sitzen zu lassen, als die Trennung unter der Gefahr zu versuchen, das Organ selbst zu verletzen. Dann aber wäre es wünschenswerth, die Secretionsfläche des zurückbleibenden Theiles zu entfernen. Die Erfolge aller dieser Versuche waren bisher aber so gering, dass es gerathen ist, wohl zu überlegen, ehe man sie versucht.

Findet man aber Alles in Ordnung, sind keine Adhaesionen zugegen oder sind sie, wo solche waren, getrennt worden, so soll nun der Tumor aus der Bauchhöhle herausgehoben werden. Dies geschieht, wenn man es mit einer oder mehreren grösseren Cysten zu thun hat, nachdem diese vorher durch die Punction entleert und so der Tumor verkleinert worden ist. Man nehme zur Punction den Troikart, den in der letzten Zeit Sp. Wells benützt (s. Fig. 1.) Er besteht aus 2 in einander geschobenen silbernen Röhren, die etwa 6″ lang sind und einen Durchmesser von $\frac{1}{2}$″ haben. Die innere Röhre a ist vorn schräg abgeschnitten und schneidend; sie kann durch das Knöpfchen b, das sich in der Rinne der äusseren Röhre vor und rückwärts bewegen lässt und mit der inneren zusammenhängt, so eingestellt werden, wie es die Abbildung zeigt. In dieser Einstellung ist der Troikart spitz und schneidend. Ist er bis c in die Cyste eingestossen, so wird die Schneide durch b zurückgestellt, damit sie keine weitere Verletzung machen kann, und der Rand der Cystenöffnung um c mit einem Faden befestigt. Am hinteren Ende des Troikart ist an dessen äusserem Rohre ein Gummischlauch angebracht von der Länge, dass er am Operationstisch herunter in ein unter ihm stehendes Gefäss geleitet werden kann. Es ist nicht ganz gleichgültig, ob man einen gewöhnlichen dicken Troikart zur Punction nimmt oder den von Wells. Bei dem Gebrauch des letzteren geht die Entleerung der Cyste so reinlich als möglich vor sich, kein Tropfen ihres Inhalts beschmutzt unnöthig die Bauchhöhle der Kranken, diese selbst oder den Operateur. Man hat desshalb auch nach der Exstirpation nicht nöthig, viel mit Schwämmen in der Bauchhöhle herumzuarbeiten, um das Eingedrungene zu entfernen;

man vermeidet somit oder entkräftet doch ein aetiologisches Moment für Peritonitis. Traurig genug ist, dass manchmal der Inhalt der Cyste so zähflüssig oder so mit festeren Bestandtheilen gemengt ist, dass der Troikart zur Entleerung nicht genügt und man sich durch Erweiterung der Stichwunde mit dem Bistouri helfen muss. Dass dann der Eintritt von Cysteninhalt in die Bauchhöhle nicht vermieden werden kann, ist klar.

Zum Zweck der Punction fasst man den vorliegenden Cystentheil mit ein oder zwei Musseux'schen Zangen und sticht den Troikart an dem Punkte ein, der am weitesten aus der Wunde hervorspringt. Was dabei weiter zu beobachten ist, wurde bei der Beschreibung des Troikart angegeben. Der Gehülfe übt nun einen leichten Druck auf den Tumor aus, damit er sich rascher entleere. In dem Masse als er diess thut, zieht der Operateur die collabirende Cyste aus der Bauchhöhle heraus. Sollte sich nach Entleerung der ersten noch eine zweite grössere Cyste einstellen, so werde sie ebenfalls punctirt, und ebenso eine etwaige dritte. Der Tumor wird nun, wenn sich keine weiteren Adhaesionen vorfinden, dem Zuge leicht folgen und bald aus der Bauchhöhle heraus entwickelt sein, ohne dass der Vorfall der Gedärme besonders zu fürchten wäre. Der Gehülfe schliesst die Bauchwunde mit der Hand, sowie sie durch den Tumor bei seiner Herausnahme nicht mehr geschlossen wird. Sollten dennoch Darmtheile vorfallen, so reponire man sie sofort, oder bedecke sie, wo dies nicht möglich ist, mit von warmem Wasser durchtränktem Flanell.

Man hüte sich, an der Geschwulst zu viel zu zerren, dass ihr Stiel nicht theilweise zerreisse oder die mit ihm zusammenhängenden Theile zu sehr gezerrt werden. Findet man bei der Entwicklung der Cyste noch Adhaesionen, so verfahre man nach den darüber angegebenen Regeln.

Ist der Ovarialtumor solid, oder kann er durch die Punction nicht verkleinert werden, so muss man ihn eben wie er ist aus der im Verhältniss zu seiner Grösse erweiterten Wunde herausnehmen, sei aber dabei ganz besonders darauf bedacht, dass die Wunde da, wo sie Darmtheile hervortreten lassen könnte, sofort mit der Hand verschlossen werde, und dass die Geschwulst durch ihre Schwere den Stiel nicht zu sehr zerre.

Wir kommen nun zu einem der wichtigsten Momente der Operation, zur **Behandlung des Stieles**. Diese war von jeher ein Gegenstand des Nachdenkens für die Chirurgen gewesen, denn gar oft liess sich bei der Section die Ursache des Todes auf den Stiel zurückführen. Dieser ist immer von grossen Gefässen durchzogen und zeigt sich verschieden nach Umfang und Länge. Je länger und schmäler er ist, um so günstiger ist der Fall. Ursprünglich legte man um den Stiel eine Ligatur en masse und schnitt ihn kurz vor derselben ab. Da es aber öfters vorkam, dass die Ligatur sich über den Stiel abstreifte und so nachträglich eine innere Blutung, ja Verblutung eintrat, so durchstach man später den Stiel, zog einen doppelten, starken Faden nach und unterband nach beiden Seiten, trennte zudem die Geschwulst erst 1″ vor der Unterbindungsstelle. Wie früher, so lies man aber auch jetzt die Ligatur sammt dem abgebundenen Theil in der Bauchhöhle liegen. Wenn nun auch durch die getheilte Ligatur und die Art der Trennung des Stieles eine Nachblutung weniger zu fürchten war, so blieben doch noch andere, nicht minder grosse Uebelstände zurück. Man liess die Ligatur, also einen fremden Körper, in der Bauchhöhle zurück und wie wenig das Peritonaeum dies gewöhnlich erträgt, ist bekannt. Als fremden Körper konnte man ebenfalls den abgebundenen Theil des Stieles betrachten; er ist aber zudem ein todter organischer Stoff, eine Masse, die sich zersetzt, brandig, jauchig wird und die durch Resorption zur Zersetzung des Blutes führt. Dagegen konnte auch die Unterbindung der einzelnen Gefässe des Stiels für sich nicht vollständig schützen, ein Verfahren, das hier zudem den Nachtheil hat, dass sich die Ligaturen gerne wegen der starken Retraction der Gefässe zu frühzeitig abstossen, was jedesmal wieder eine tödtliche Blutung veranlassen kann. Langenbeck und Martin kamen desswegen, wohl angeregt durch Stilling's Angaben, auf die Idee, den abgebundenen Theil des Stiels in der Wunde zu befestigen. Sie legten die untersten Hefte, mit denen sie die Bauchwunde schliessen wollten, zugleich unterhalb der Ligatur durch den Stiel und brachten so die Ligatur und den abgeschnürten Theil des Stiels aus der Bauchhöhle heraus in die Wunde, die sie über demselben schlossen. Dadurch ward Manches besser, Manches aber auch nicht. Es lag zwar kein fremder Körper mehr in der Bauchhöhle, man konnte eine Nachblutung übersehen, aber es lag der sich zersetzende organische Körper in der Bauchwunde. Die Jauche konnte von hier aus so gut resorbirt werden wie in der Bauchhöhle. Zudem verursachten die Hefte, die den Stiel in der Wunde befestigten, starke Zerrung derselben. In der neuesten Zeit kamen nun die Engländer darauf, auch dieses zu vermeiden. Wie schon erwähnt, gab Hutchinson 1858 eine stählerne Klemme an, mit der der Stiel gefasst, abgebunden und ausserhalb der Bauchhöhle wie ausserhalb der Bauchwunde auf den Bauchdecken befestigt werden sollte. Auch Wells gab ein solches Instrument an, dessen Zeichnung wir in Fig. 2 geben.

Die Klemme ist nach Art eines Zirkels gebaut mit einem Querbalken zum Fixiren der Branchen. Der Stiel der Geschwulst wird so fest als möglich zwischen $a\,b\,c$ eingeklemmt und besonders dadurch festgehalten, dass die Branche $a\,b$ mit einer Reihe starker Zähne versehen ist, die in entsprechende Vertiefungen der andern Branche eingreifen. Darauf wird die Geschwulst etwa $1-1\frac{1}{2}''$ vor der Klemme abgelöst. Die Anwendung der Klemme ist der grösste Fortschritt, den die Ovariotomie in der neuesten Zeit gemacht hat. Sie schützt gegen Nachblutung, mindert die Gefahren der Peritonitis und die der Resorption zersetzter organischer Stoffe durch Entfernung des Hauptinfectionsheerdes aus der Bauchhöhle und der Wunde. Wer einmal die Masse stinkender Jauche gesehen hat, die der abgebundene Theil des Stiels tagtäglich bis zu seiner Losstossung auf dem Leibe der Operirten erzeugt, der begreift die Gefahr, die die Kranke zu erwarten hätte, wenn dieser Process in der Bauchhöhle vor sich ginge. Man hat zur Trennung des Stieles auch den Écraseur vorgeschlagen. Atlee und Pope in Amerika stellten zuerst Versuche damit an. Aber man fand, dass er, wenn man ihn nicht sehr langsam durchschneiden lasse, doch nicht vor Blutung schütze. Sollte er aber 1—2 Tage liegen bleiben müssen, so wäre ihm doch wohl die kleinere und leichter zu handhabende Klemme vorzuziehen.

Ist der Tumor getrennt, so übergibt der Operateur die Klemme dem Gehülfen, der sie im unteren Wundwinkel zu halten hat; er selbst besichtigt die Bauchhöhle, entfernt sorgfältig Blut oder Cysteninhalt, der etwa in jene gelangt sein könnte und überzeugt sich davon, dass nichts Fremdartiges in ihr liegen geblieben ist. (In den Med. Times 1859 ist ein Fall erzählt, wo man bei der Section nach einer Ovariotomie ein Stück Schwamm in der Bauchhöhle als Ursache der Peritonitis vorgefunden hatte.) Sollte das 2te Ovarium auch entartet sein, so ist es sofort zu entfernen. Darauf werden, wo es nöthig sein sollte, die Eingeweide wieder in ihre natürliche Lage gebracht.

Zur Vereinigung der Bauchwunde hat man neben der Seide Eisen- und Silberdraht versucht; man machte die Knopfnaht, die umschlungene und die Zapfennaht; man legte die Nähte durch das Peritonaeum oder suchte dies zu vermeiden. Wells[1]) ist nach vielen Versuchen darüber wieder zur einfachen Knopfnath mit Seide zurückgekommen. Er legt ungefähr einen Zoll von einander die Nähte beiderseits von Innen nach Aussen an und fasst immer das Peritonaeum mit. Wir erwähnten früher einen Fall, wo die ganze Bauchwunde eiterte, der Eiter aber nicht in die Bauchhöhle gelangte, weil wenigstens die Peritonealwunde per primam geheilt war. Man sah ferner bei einer Section, wie das nicht in die Nath miteingefasste Bauchfell am Wundrand schlaff herunterhing und aus dem subperitonealen Zellgewebe eine beträchtliche Blutung in die Bauchhöhle stattgefunden hatte. Wells fand endlich bei seinen Versuchen an Hunden, dass da, wo er das Peritonaeum nicht mit in die Naht gefasst hatte, es sich von der übrigen Wunde zurückzuziehen pflegte und dann fast regelmässig Darmtheile mit der nicht vom Peritonaeum bedeckten Wunde verklebten. Diese 3 Momente erklären hinreichend, warum Wells das Peritonaeum mit in die Naht gefasst haben will, da zudem nach seinen Beobachtungen diese Verletzung keine Bedeutung hat. Sollte nach Anlegung dieser Näthe an einzelnen Stellen die Hautwunde noch klaffen, so lege man noch oberflächliche Hefte an. Immer aber sorge

---

1) Med. Times 1860.

man dafür, dass die Wunde um den Stiel herum genau schliesst, um jeden Eintritt von Luft oder von durch Zersetzung des Stiels entstehender Jauche in die Bauchhöhle zu vermeiden. Die Unterbindungsfäden werden auf dem nächsten Weg zur Wunde herausgeleitet. Musste man solche in der Bauchhöhle selbst anlegen, so lasse man sie gehörig lang, damit sie nicht bei nachfolgendem Meteorismus in jene zurückgezogen werden.

Jetzt werden die Griffe der Klemme (*de* Figur 2) entfernt und unter ihren zurückbleibenden Theil Ceratläppchen gelegt. Das Wachstuch wird abgenommen, der Leib der Kranken vorsichtig mit lauwarmem Wasser gereinigt und mit gewärmten Tüchern abgetrocknet. Darauf legt Wells 2" breite Heftpflasterstreifen dachziegelförmig von einer Seite des Leibes zur andern quer über die Wunde, so dass diese bis zur Klemme hin vollständig gedeckt wird. Der abgequetschte Theil des Stieles wird mit einem Ceratläppchen belegt und der ganze Leib mit einer Schichte Watte bedeckt. Darauf bringe man die Kranke mit möglichster Schonung in das gut durchwärmte Bett und bedecke sie sorgfältig.

Von achtsamer Pflege und vernünftiger Leitung der Nachbehandlung hängt Vieles für den Erfolg der Ovariotomie ab. „Manchmal", sagt Wells, „ist es ein wahres Wunder, dass die Kranke die Nachbehandlung überlebte. Aderlass, Blutegel, Blasenpflaster, Calomel, Purgantien und Fasten — Alles wurde mit grösster Emsigkeit verordnet. Wer wundert sich da über den Tod der Kranken? Das Wunder ist, dass so viele dies überlebten." — Man halte die Kranke vollkommen ruhig, frei von Schmerzen und durchaus reinlich. Ein gut ventilirtes Zimmer, gleichmässige Temperatur, feuchte Luft sind die ersten Erfordernisse und besser als alle Arzneimittel. Stellt sich gleich nach der Operation Erbrechen ein, was öfters geschieht, so hat dies wenig zu bedeuten; Eispillen oder etwas Opium stillen dasselbe gewöhnlich. Anders ist es allerdings, wenn das Erbrechen später eintritt. Ausser Uebelkeit und Erbrechen haben die Kranken anfangs Nichts zu klagen. Sollten die Extremitäten kühl werden, so sind sie in gewärmten Flanell einzuhüllen. Der Arzt lasse sich nicht verleiten, wegen eines schneller werdenden Pulses gleich

.Peritonitis zu befürchten oder gar eingreifende Anordnungen zu treffen. Wells schien es, dass die Raschheit des Pulses grösstentheils durch die Rückkehr des Herzens in seine normale Lage bedingt sei.

Man hatte es früher sehr in der Gewohnheit, theils zur Linderung der Schmerzen, theils um die Darmthätigkeit herabzusetzen, Opium zu geben. Jetzt ist man davon abgekommen oder gibt es doch nur noch bei sehr heftigen Schmerzen als Klysma, da es durch den Mund gegeben öfters Uebelkeit und Erbrechen zu verursachen scheint. Was es früher durch Verlangsamung der Darmthätigkeit gut machte, verdarb es durch die Anhaltung des Stuhles und den Meteorismus. Dauern die Schmerzen trotz des Opiums fort, entwickelt sich Meteorismus, so mache man Fomentationen über den Leib mit in lauwarmes Wasser getauchtem Flanell, dem Brown gerne etwas Ol. terebint. zusetzt. Zugleich soll man ein Tuch mit demselben Oel besprengt so neben den Kopf der Kranken legen, dass sie den Dunst desselben einathme. Wells hält Pfefferminzthee mit etwas Sodazusatz bei gleichzeitigem Gebrauch der Fomentationen über den Leib für das Beste.

Eis, Milch, Schleimsuppen sei die Nahrung in den ersten 48 Stunden; dann erlaube man Fleischbrühe und Wein, soweit es die Kranke verlangt. Brown gab manchen seiner Operirten schon am 3ten Tage Hammelsbraten und Bier. Es ist gut, wenn der Stuhl einige Tage lang angehalten ist; will man desswegen Opium anwenden, so gebe man es ebenfalls als Klysma. Alle 6 Stunden entleere man die Blase mit dem Katheter. Fängt der Stumpf an übel zu riechen, so bedecke man ihn mit einem kleinen Leinwandsäckchen, das mit pulverisirter Holzkohle gefüllt ist und erneuere dasselbe 1—2mal täglich. Die Wunde lasse man bis zum 3ten bis 4ten Tage unberührt. Dann entferne man die durch das Peritonaeum gehenden Ligaturen; die oberflächlichen kann man einige Tage länger liegen lassen. Die Klemme wird man am 4ten bis 6ten Tage abnehmen können.

Ist der Verlauf nach der Operation normal, so geht die Heilung sehr rasch vor sich. Die Wunde schliesst sich per primam, der abgebundene Theil des Stiels stösst sich zu derselben Zeit ab. Durch Verklebung des Stiels mit der Bauch-

wunde ist diese Anfangs in ihrem unteren Winkel nabelartig
vertieft; dies schwindet allmählig und damit auch das unangenehme Gefühl des Zugs, über das die Kranken klagen, und
das entsteht durch Schrumpfung des Stiels einerseits und
anderseits durch den Meteorismus, Momente, die in entgegengesetzter Richtung an der Befestigungsstelle des Stieles zerren.
Nach 4—5 Tagen nehmen die Fiebersymptome schon bedeutend ab. Man sorge durch ein Klystier für leichten Stuhlgang und gebe consistentere Nahrung je nach dem Bedürfniss
der Kranken. Lässt man die Kranke aufstehen, was gewöhnlich in der 3ten bis 6ten Woche geschieht, so trage sie längere
Zeit eine Leibbinde. Erlauben es ihre Verhältnisse, so bringt
sie am besten die nächste Zeit auf dem Lande zu. Die
Menstruation stellt sich gewöhnlich bald wieder ein, wie denn
auch Schwangerschaft mit normalem Ende öfters nach der
Ovariotomie beobachtet wurde.

So rasch die Heilung vor sich geht, so rasch geht es
meist auch mit dem schlimmen Ende. Der gewöhnlichste
üble Ausgang ist der Tod durch Peritonitis. Die Behandlung dieser Affection war in verschiedenen Fällen sehr verschieden. Ist die Peritonitis auf die nächste Umgebung der
Bauchwunde beschränkt und sind die Schmerzen mässig, so
ist es am besten, gar Nichts zu thun; wird sie diffus und
heftig, was sich gewöhnlich zwischen dem 2ten und 3ten Tage
nach der Operation zeigt, so verfahre man nach den bei ihr
im Allgemeinen geltenden Regeln. Tritt starker Erguss in
der Bauchhöhle auf, so öffnet Wells den unteren Wundwinkel
zum freien Abfluss desselben. Meist werden aber alle möglichen Verordnungen den Tod nicht aufhalten können, der
am 3ten bis 6ten Tage schon der Peritonitis diffusa folgt.—
Schneller noch naht oft das Ende durch eine Nachblutung.
Diese kann aus getrennten Adhaesionen, aus der Wundfläche
und bei der jetzigen Befestigungsweise des Stiels aus diesem
erfolgen, wenn er sich theilweise aus der Klemme zurückziehen konnte, diese also nicht fest genug schloss. Ist die
Nachblutung äusserlich, so wird man ihr leicht Herr werden;
ist sie aber innerlich, so wird das tödtliche Ende meist, wenn
sie bedeutend wird, nicht auf sich warten lassen. Die Kranke
wird schwächer und schwächer, der Puls immer kleiner, das

Gesicht leichenblass, eine Ohnmacht folgt der andern, es kommen Convulsionen und bald auch der Tod. Kalte Umschläge oder sonstige innerliche wie äusserliche Mittel werden die Blutung meist nicht mehr stillen. Zuweilen hat man die Bauchwunde wieder geöffnet, das Gerinnsel entfernt und die blutende Stelle zu unterbinden versucht; dies gelang aber nur sehr selten. — Zuweilen tritt der Tod auch einige Stunden nach der Operation durch Collapsus ein, ohne dass man irgend einen objectiven Grund dafür auffinden könnte. Die Kranke vermochte den Eingriff an und für sich nicht zu überleben, sie unterlag dem Stosse desselben. Sollten sich Zeichen des beginnenden Collapsus einstellen, so sind belebende Mittel anzuwenden. Derartige störende Zwischenfälle sind jeden Augenblick zu erwarten; desswegen sollte die Kranke ständig von einer erfahrenen Wärterin umgeben sein und von 1—2 Aerzten Anfangs stündlich besucht werden. — Einmal beobachtete Wells bald nach der Operation, die er ebenfalls unter Anwendung der Klemme gemacht hatte, Symptome, die denen der Einklemmung des Darmes ähnlich schienen; aber Wells war seiner Sache nicht ganz sicher. Am 3ten Tage starb die Kranke. Die Section ergab, dass sich Darmschlingen in den Raum eingeklemmt hatten, den der Stiel der Geschwulst mit den Bauchdecken, dem Beckenrande und dem Uterus bildete. Zeigten sich demnach Symptome von Incarceration, so wäre die Klemme sofort durch die Ligatur zu ersetzen und der Stiel in die Bauchhöhle zurückzulassen.